大学生网络行为分析及引导

于 珊 著

中国商业出版社

图书在版编目(CIP)数据

大学生网络行为分析及引导/于珊著. --北京：中国商业出版社，2020.4
ISBN 978-7-5208-1133-0

Ⅰ.①大… Ⅱ.①于… Ⅲ.①大学生—互联网络—行为分析 Ⅳ.①G645.5

中国版本图书馆 CIP 数据核字（2020）第 060894 号

责任编辑：管明林

※

中国商业出版社出版发行
010-63180647　www.c-cbook.com
(100053　北京广安门内报国寺1号)
新华书店经销
北京虎彩文化传播有限公司印刷

*

710 毫米×1000 毫米　16 开　10.75 印张　213 千字
2020 年 4 月第 1 版　2020 年 4 月第 1 次印刷
定价:58.00 元

* * * *

（如有印装质量问题可更换）

前　言

随着互联网发展的日新月异,网络就像是人体的血液,渗透到大学生的学习、工作与生活的方方面面,对大学生的认知水平、情绪情感、意志行为等都产生了不可忽视的影响,大学生的价值观念和道德素养在网络世界变得更加多元化。毋庸置疑,大学生通过网络接受教育,满足自身消费、社交、学习、工作、游戏等多方面的需求,网络为大学生带来了前所未有之丰富、新奇与便捷体验,吃、穿、住、行都可以通过网络实现,任何事物仿佛都在网络这张"大网"下变得触手可及,跨越时空、文化、国度、思想、种族等因素的藩篱,正如麦克卢汉所言,地球变成了"地球村"。但无须避讳的是,也正是网络的极大丰富产生了各式各样的诱惑,一些不良的信息、文化、思想、行为甚至犯罪在网络中渗透,部分大学生因为缺乏坚定的理想信念、敏锐的甄别意识和强劲的抵抗能力,出现了不同程度、不同形式、不同特点的网络失范行为。当下大学生群体大部分是 95 后,甚至是 00 后,是在互联网环境中成长起来的一代,具有不同于 70 后、80 后和 90 后的群体特点,他们的网络行为衍生了新特点、新规律、新趋向,了解这部分大学生群体的网络行为十分必要。

本书内容围绕大学生的网络行为展开,主要包括网络教育、网络消费、网络社交、网络学习、网络工作、网络游戏与网络犯罪等方面,从总体特点、产生原因、行为影响与引导预防等维度对每一种网络行为进行详细的分析。其中既引用了现有网络平台提供的大数据,也列举了大学生的网络行为实例;既有对数据的分析整理,也有相关理论的阐述。意在通过较为系统的整理分析,全面了解大学生的网络行为,为大学生网络行为的有效引导提供一定的参考。

在本书编写过程中,山东理工大学刘东锋书记提供了许多建设性的意见与指导,在此表示深切感谢。

由于网络行为涉及范围广、内容多,加之编写时间和个人能力所限,疏漏在所难免,恳请读者及时指正并反馈宝贵意见。

2020 年 2 月

目 录

第一章 大学生网络行为概述 ………………………………… 1
  一、我国互联网发展概况 …………………………………… 1
  二、大学生网络行为概况 …………………………………… 9
  三、网络对大学生的影响 …………………………………… 14

第二章 大学生作为网络教育受众的行为表现及引导 ……… 21
  一、大学生网络教育平台 …………………………………… 21
  二、大学生在网络教育中行为的特点 ……………………… 28
  三、大学生在网络教育中行为的原因 ……………………… 30
  四、大学生在网络教育中行为的影响 ……………………… 31
  五、大学生在网络教育中行为的引导 ……………………… 32

第三章 大学生网络消费行为及引导 ………………………… 34
  一、大学生网络消费行为的特点 …………………………… 34
  二、大学生网络消费行为的原因 …………………………… 45
  三、大学生网络消费行为的影响 …………………………… 51
  四、大学生网络消费行为的引导 …………………………… 55

第四章 大学生网络社交行为及引导 ………………………… 58
  一、网络社交类型 …………………………………………… 58
  二、大学生网络社交行为的特点 …………………………… 65
  三、大学生网络社交行为的原因 …………………………… 71
  四、大学生网络社交行为的影响 …………………………… 72
  五、大学生网络社交行为的引导 …………………………… 76

第五章 大学生网络学习行为及引导 ………………………… 79
  一、网络学习概况 …………………………………………… 79

二、大学生网络学习平台 ……………………………… 82
　　三、大学生网络学习行为的特点 …………………… 85
　　四、大学生网络学习行为的原因 …………………… 88
　　五、大学生网络学习行为的影响 …………………… 90
　　六、大学生网络学习行为的引导 …………………… 92

第六章　大学生网络工作行为及引导 ……………………… 96
　　一、大学生网络工作类型 …………………………… 96
　　二、大学生网络工作行为的特点 …………………… 101
　　三、大学生网络工作行为的原因 …………………… 103
　　四、大学生网络工作行为的影响 …………………… 104
　　五、大学生网络工作行为的引导 …………………… 107

第七章　大学生网络游戏行为及引导 ……………………… 109
　　一、网络游戏概况 …………………………………… 109
　　二、大学生网络游戏行为的特点 …………………… 115
　　三、大学生网络游戏行为的原因 …………………… 119
　　四、大学生网络游戏行为的影响 …………………… 120
　　五、大学生网络游戏行为的引导 …………………… 126

第八章　大学生网络犯罪行为及预防 ……………………… 130
　　一、大学生网络犯罪行为的类型 …………………… 130
　　二、大学生网络犯罪行为的特点 …………………… 138
　　三、大学生网络犯罪行为的原因 …………………… 139
　　四、大学生网络犯罪行为的预防 …………………… 142

第九章　大学生网络行为引导的相关理论 ………………… 145
　　一、弗洛伊德的人格结构理论 ……………………… 145
　　二、马斯洛的需要层次理论 ………………………… 145
　　三、麦克卢汉的媒介理论 …………………………… 146
　　四、舒茨的人际需要三维理论 ……………………… 147
　　五、班杜拉的观察学习理论 ………………………… 148
　　六、布鲁默的符号互动论 …………………………… 149
　　七、霍曼斯的社会交换论 …………………………… 149
　　八、社会动机理论 …………………………………… 149

九、卡尼曼的前景理论和锚定效应 ·············· 150
　　十、萨勒的"心理账户"理论 ················· 151
　　十一、费斯汀格的认知失调理论 ················ 151
　　十二、齐克森米哈里的沉浸理论 ················ 152
　　十三、阿希的从众行为理论 ·················· 152

附录 ·································· 153
参考文献 ······························· 161

第一章
大学生网络行为概述

根据中国互联网信息中心(CNNIC)发布的《第44次中国互联网络发展状况统计报告》,截至2019年6月,我国网民数量为8.54亿人,互联网普及率达到61.2%,手机网民数量为8.47亿人[1]。随着互联网的迅速发展和普及程度的提高,网络对大学生的影响非常广泛,渗透到大学生的思想教育、生活消费、社会交际、技能学习、就业创业、兼职打工、游戏娱乐等方面,网络已经成为大学生日常生活中不可或缺的一部分,大学生对互联网的使用充满积极性。

一、我国互联网发展概况

1. 网民行为的基本情况

(1)网民数量

根据CNNIC发布的近10年《中国互联网络发展状况统计报告》数据,我国网民和手机网民情况如表1.1所示。我国网民和手机网民数量逐年递增,尤其是手机网民数量递增速度明显超过网民数量的递增速度,2010年我国手机网民数量为3.03亿人,占总体网民数量的66.3%,截至2019年6月,我国手机网民数量达到8.47亿人,占整体网民数量的比例超过99%[1-2]。

表1.1 2010—2019年我国网民和手机网民数量

统计截止时间	网民数量/亿人	手机网民数量/亿人	手机网民所占比例/%
2010.12	4.57	3.03	66.3
2011.12	5.13	3.56	69.4
2012.12	5.64	4.20	74.5
2013.12	6.18	5.00	81.0
2014.12	6.49	5.57	85.8
2015.12	6.88	6.20	90.1
2016.12	7.31	6.95	95.1

续表

统计截止时间	网民数量/亿人	手机网民数量/亿人	手机网民所占比例/%
2017.12	7.72	7.53	97.5
2018.12	8.29	8.17	98.6
2019.6	8.54	8.47	99.2

(2) 上网时长

上网时长在一定程度上可以反映出网民对互联网的使用程度。根据CNNIC发布的统计数据,近10年我国网民的人均每周上网时长呈递增趋势[1-2]。图1.1为2011—2019年我国网民的人均每周上网时长情况。2011年,我国网民的人均每周上网时长为18.7小时。2013年,我国网民的人均每周上网时长明显递增,增至25小时。自2014年至2019年6月,我国网民的人均每周上网时长增速平缓。截至2019年6月,我国网民的人均每周上网时长为27.9小时。可见,我国网民在网络中消耗的精力明显增多。

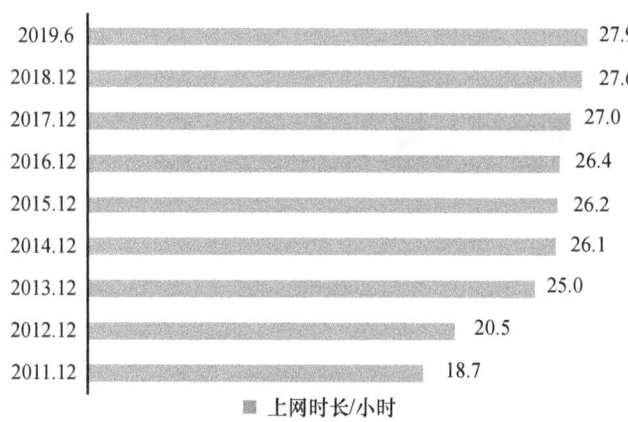

图1.1 2011—2019年我国网民的人均每周上网时长

(3) 各类网络应用使用情况

根据CNNIC公布的统计数据,近几年我国各类网络应用的用户规模呈递增趋势,2015—2019年我国各类网络应用用户规模如表1.2所示。从表中数据不难发现,在各类网络应用中,网上外卖应用的用户规模增幅最多,增长了近3倍,可见网络外卖发展势头强劲。其次是在线教育、网络专车或快车应用,使用用户规模增长1倍。互联网理财、旅行预订、网络购物、网络文学、网络支付、网络视频与网络出租车的增长也较明显。网络音乐、网络新闻、搜索引擎、网络游戏、即时通信等应用增速较缓[1,3-4]。

表 1.2 2015—2019 年我国各类网络应用用户规模　　　　（亿人）

应用名称	2019.6	2018.12	2017.12	2016.12	2015.12
即时通信	8.25	7.92	7.20	6.66	6.24
搜索引擎	6.95	6.81	6.40	6.02	5.66
网络新闻	6.86	6.75	6.47	6.14	5.64
网络视频(含短视频)	7.59	7.25	5.79	5.45	5.04
网络购物	6.39	6.10	5.33	4.67	4.13
网络支付	6.33	6.00	5.31	4.75	4.16
网络音乐	6.08	5.76	5.48	5.03	5.01
网络游戏	4.94	4.84	4.42	4.17	3.91
网络文学	4.55	4.32	3.78	3.33	2.97
旅行预订	4.18	4.10	3.76	2.99	2.60
网上外卖	4.21	4.06	3.43	2.09	1.14
网络直播	4.33	3.97	4.22	3.44	—
网约专车或快车	3.39	3.33	2.36	1.68	—
网约出租车	3.37	3.30	2.87	2.25	—
微博	—	3.51	3.16	2.71	2.30
电子邮件	—	—	2.84	2.48	2.58
在线教育	2.32	2.01	1.55	1.38	1.10
论坛/BBS	—	—	—	1.21	1.19
互联网理财	1.70	1.51	1.29	0.99	0.90

近几年，我国各类手机网络应用用户规模不断扩增，表 1.3 为 CNNIC 公布的 2015—2019 年我国各类手机网络应用用户规模数据。从表中数据可以发现，各类手机网络应用的用户规模均呈现明显的递增趋势，其中使用手机点外卖和在线教育的应用用户数量增幅最多，增长了 3 倍左右，可见手机网上外卖与手机在线教育发展势头强劲。其余应用的用户规模增长速度相差不大，可见使用手机即时通信、搜索引擎、网络新闻、网络购物、网络支付、网络音乐、网络游戏、网络文学、地图导航、网上银行、旅行预订、微博与电子邮件等应用的用户稳定性较好[1,3-4]。

表 1.3 2015—2019 年我国各类手机网络应用用户规模　　　　（亿人）

应用名称	2019.6	2018.12	2017.12	2016.12	2015.12
即时通信	8.21	7.80	6.94	6.38	5.57
搜索引擎	6.62	6.54	6.24	5.75	4.78
网络新闻	6.60	6.53	6.20	5.71	4.82

续表

应用名称	2019.6	2018.12	2017.12	2016.12	2015.12
网络购物	6.22	5.92	5.06	4.41	3.40
网络支付	6.21	5.83	5.27	4.69	3.58
网络音乐	5.85	5.53	5.12	4.68	4.16
网络游戏	4.68	4.59	4.07	3.52	2.79
网络文学	4.35	4.10	3.44	3.04	2.59
地图导航	—	—	4.65	4.31	3.38
网上银行	—	—	3.70	3.34	2.77
旅行预订	—	4.00	3.40	2.62	2.10
微博	—	—	2.86	2.41	1.87
网上外卖	4.17	3.97	3.22	1.94	1.04
电子邮件	—	—	2.33	1.97	1.67
在线教育	1.99	1.94	1.19	0.98	0.53

根据 CNNIC 公布的统计数据,我国各类手机网络应用的使用时长情况如图1.2 所示。截至 2019 年 6 月,我国手机网民使用时间最多的应用类型是即时通信类,使用时长占比接近 15%,网络视频、短视频、网络音乐类应用使用时长占比均超过 10%,成为使用较多的应用。根据 CNNIC 调查结果,短视频使用时长的占比增长最明显,可见作为新兴社交应用,短视频的使用越发普遍[1]。

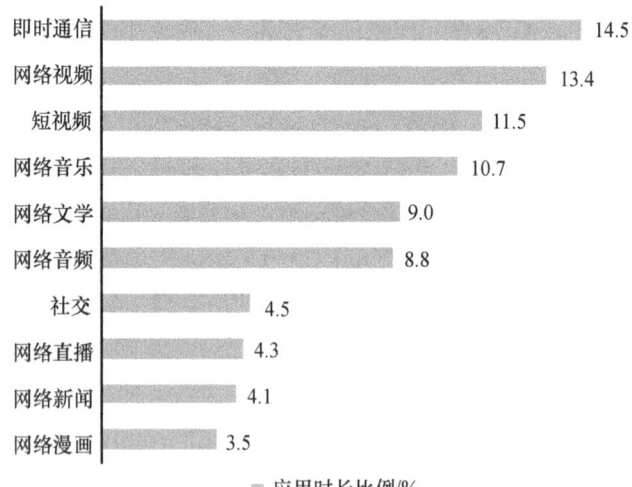

图 1.2　2019 年上半年我国手机网民各类应用使用时长占比

根据极光大数据发布的《2019 年 Q3 移动互联网行业数据研究报告》,2019

年第三季度,人均 App 安装量增至 58 款,人均 App 每天使用时长达 4.9 小时。除了即时通信,短视频 App 人均每日使用时长跃居第二,时间长达 50.9 分钟,成为网民时间消耗的第二大"杀手"[5]。

2018 年,我国手机网民经常使用的 6 类应用中,即时通信类和社交类应用在上午 8 点至晚上 9 点之间使用时段分布均匀。网络直播类应用在中午 12 点、晚上 8~11 点出现两次使用高峰。网络购物应用在中午 12 点使用最集中。外卖类应用具有明显的时段峰值取向,一般在中午 11 点和下午 6 点出现集中使用。具体 6 类手机网民常用应用使用时段分布如图 1.3 所示[3]。

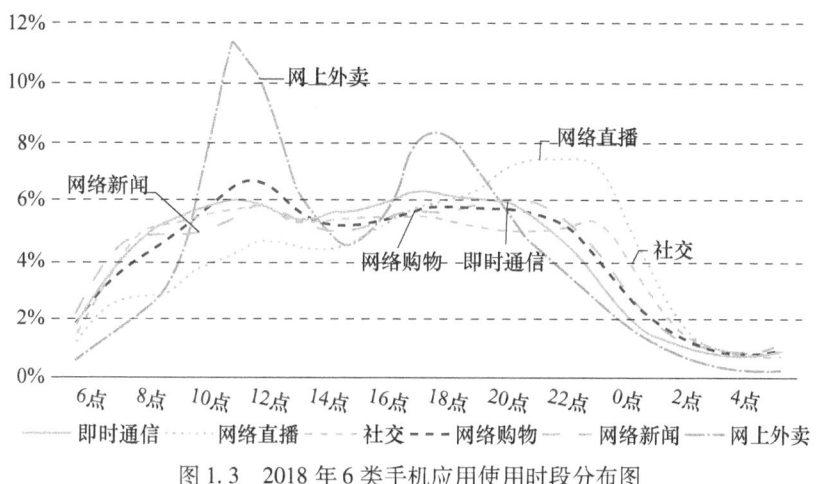

图 1.3 2018 年 6 类手机应用使用时段分布图

2019 年上半年,我国手机网民经常使用的 6 类应用中,即时通信类和社交类应用在上午 9 点至晚上 8 点之间使用时段分布均匀。由于短视频具有休闲娱乐特点,大部分网民使用短视频应用时段在中午 12 点、晚上 9 点出现小高峰。外卖类应用使用具有明显的时段峰值取向,一般集中在中午 11 点和下午 6 点使用。具体 6 类手机应用使用时段如图 1.4 所示[1]。

根据 CNNIC 公布的统计数据,2019 年上半年我国网民互联网和手机互联网应用的使用率情况如表 1.4 所示。从不同应用的互联网使用率和手机互联网使用率数据可以看出,即时通信是目前网民使用率最高的应用,而且使用手机进行即时通信的情况更多,互联网和手机互联网使用率接近 97%。值得注意的是,手机即时通信使用率是唯一超过网络整体使用率的应用,可见随着手机应用的普及,手机端即时通信应用基本实现了全覆盖。几乎所有的订外卖操作均通过手机实现。除了即时通信,网民使用较多的应用主要有搜索引擎、网络新闻、网络视频、网络购物、网络支付、网络音乐等。另外,几乎所有应用的手机使用率与互联网使用率差别并不大,可见目前我国网民的手机普及率非常高[1]。

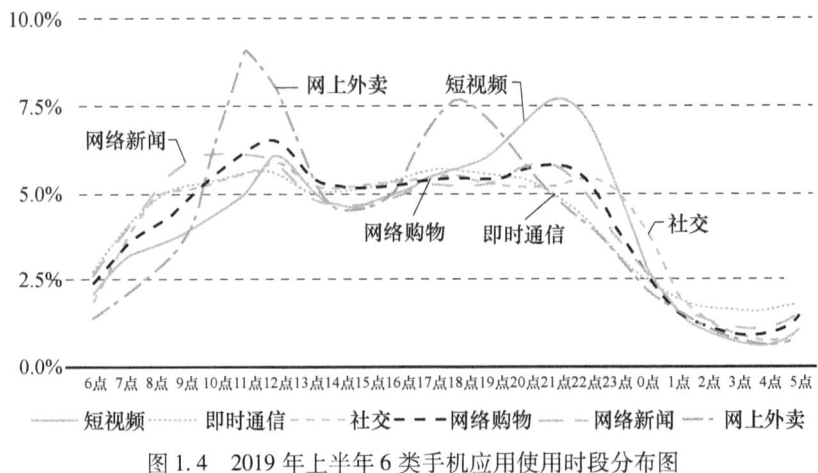

图 1.4 2019 年上半年 6 类手机应用使用时段分布图

表 1.4 2019 年上半年网民互联网和手机互联网应用的使用率　　（%）

应用名称	互联网应用使用率	手机互联网应用使用率
即时通信	96.5	96.9
搜索引擎	81.3	78.2
网络新闻	80.3	78.0
网络视频	88.8	—
网络购物	74.8	73.4
网络支付	74.1	73.4
网络音乐	71.1	69.1
网络游戏	57.8	55.2
网络文学	53.2	51.4
网络直播	50.7	—
订外卖	49.3	49.3
旅游预订	48.9	—
网约出租车	39.4	—
在线教育	27.2	23.6
互联网理财	19.9	—

2. 我国网络发展特点

（1）网络与人们的生活更加贴近融合

从近几年我国网民使用网络的情况可以看出,网络已经渗透到人们生活的方方面面,成为人们现实生活中不可或缺的一部分。因为有了网络,人们的生活变得更加丰富多彩,开阔视野,及时了解社会热点,学习各种知识与技能,与来自世界各地的网友沟通交流,倾吐心事,缓解压力。通过网络建立自己的社交圈子,寻找任何想要的信息等,网络的极大丰富为人们的生活提供了无限可能。互联网与经济社会发展的联系更加密切,社会发展的各个领域都与互联网建立了密切的联系,即时通信、新闻浏览、网络购物、线上支付、在线教育、网络视频、网络娱乐、在线政务服务等应用都成为人们日常生活的一部分。随着网络视频平台的不断完善与升级,电视剧、电影、综艺、动漫、游戏、音乐等核心网络应用的使用更加普遍,逐步形成以视频、音乐、文学、游戏、电商等协同发展,集教育、文化、消费、休闲、娱乐、服务于一体的多元化网络生态。网民对网络的依赖程度不断增加,尤其是对手机的依赖程度更高,一部手机可以实现电视机、计算机、手表、座机、照相机、收音机、手电筒、镜子、报纸、游戏机、钱包、台历挂历、身份证等多重功能,有网友调侃"手机是人类最伟大的发明",不无道理。

(2)互联网普及率持续提升

2015年,工业和信息化部开始推行"提速降费",三大运营商积极响应号召,不断下调套餐费用,流量价格更加优惠亲民,同时宽带资费也大幅下降。根据工业和信息化部提供的数据,与2015年同期相比,2019年移动宽带平均下载速率提升约6倍,手机上网流量资费降幅超过90%。"提速降费"提升了互联网流量的使用,尤其是手机互联网使用更加深入。根据CNNIC发布的调查数据,截至2019年6月,我国互联网的普及率达到61.2%,其中超过99%的网民使用手机上网,移动流量每人月均使用量达到7.2GB,超过全球平均水平20%[1]。

(3)青少年群体呈现巨大活力

近几年,青少年成为网民中数量最庞大、使用互联网最活跃的群体,根据CNNIC发布的2010—2015年我国青少年上网行为调查统计数据显示,我国25周岁以下的青少年网民数量逐年增加,具体数据如图1.5所示。截至2010年年底,我国青少年网民数量为2.12亿人,青少年手机网民数量为1.70亿人。2011

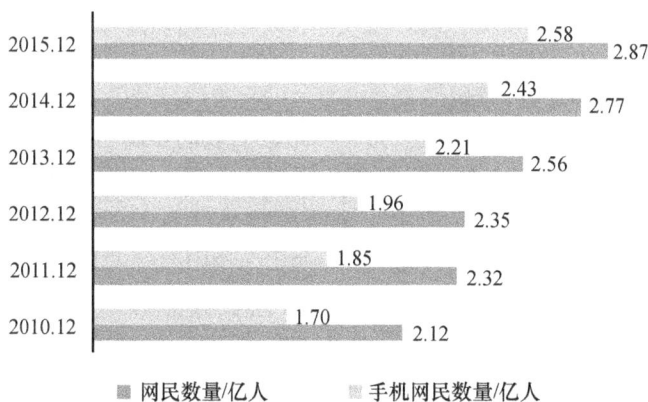

图1.5 2010—2015年我国青少年网民及手机网民数量

年青少年网民数量为2.32亿人,手机网民数量为1.85亿人。2012年增幅较小,青少年网民数量为2.35亿人,手机网民数量为1.96亿人。2013年出现较大增幅,青少年网民数量达到2.56亿人,手机网民数量为2.21亿人。2014年青少年网民数量为2.77亿人,手机网民数量为2.43亿人。截至2015年年底,我国青少年网民数量为2.87亿人,手机网民数量为2.58亿人。短短5年,中国青少年网民数量增长了35.38%,青少年手机网民数量增长了51.76%,可见青少年网民群体具有强大的互联网活力,同时由于线上支付、信息获取、社交方式更便捷,手机已经成为当下青少年上网最重要的工具[6]。

根据CNNIC公布的我国网民的职业结构分布数据可知,我国网民的职业结构中,学生网民是所有网民中数量最多的职业群体,占比超过1/4,2018年学生网民占总网民数量的25.4%,2019年学生网民数量占比提升到26.0%。图1.6是2015—2019年学生网民的数量。2015年学生网民数量为1.73亿人,之后每年以1000~1500万人的规模增长,截至2019年6月,我国学生网民数量达到2.22亿人[1-2,4]。另外,从2015年青少年网民和学生网民数量看,学生网民数量占青少年网民数量的60%左右,足见学生网民是青少年网民中的重要群体。

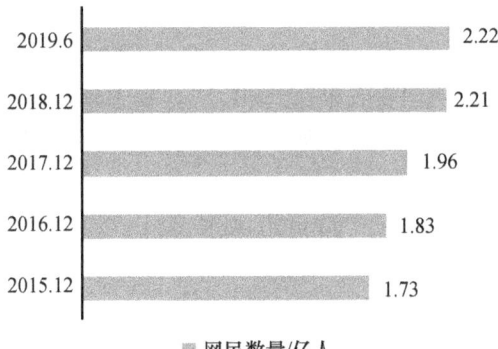

图1.6　2015—2019年我国学生网民数量

(4)高学历网民数量增幅显著

根据CNNIC发布的统计数据,近10年,具有较高学历水平的网民数量呈明显增加趋势。图1.7是2010—2019年我国大专及以上学历网民数量情况。截至2010年12月,大专及以上学历水平网民数量仅为1.02亿人。2011—2012年,大专及以上学历水平网民数量持平,均为1.19亿人。2013—2015年,大专及以上学历水平网民数量增长速度平稳,平均数量为1.34亿人。2016—2018年,大专及以上学历水平网民平均数量为1.54亿人。截至2019年6月,大专及以上学历水平网民出现比较明显的增长,数量达到1.73亿人[1-2,4,7-8]。

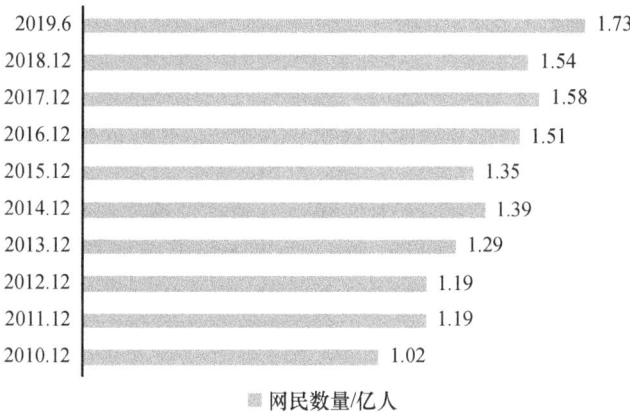

图 1.7　2010—2019 年我国大专及以上学历网民数量

二、大学生网络行为概况

1. 大学生上网基本情况

（1）大学生数量

根据国家统计局公布的数据，2010—2018 年，普通本专科在校学生数量出现大幅度增加。图 1.8 是 2010—2018 年我国普通本专科在校学生数量。随着

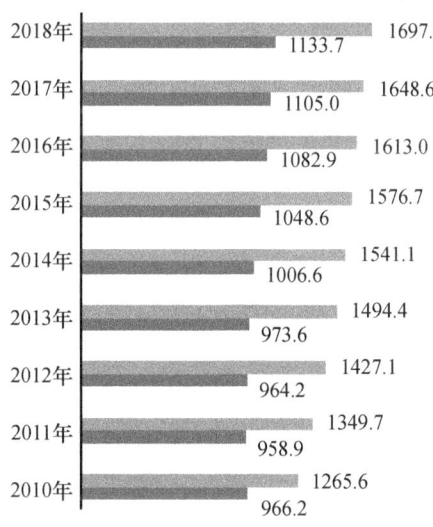

图 1.8　2010—2018 年我国普通本专科在校学生数量

高校招生规模的扩增,大学生数量逐年增多,2010 年我国普通本专科在校学生数为 2231.8 万人,之后每年以 80 万人左右的增长规模递增,2018 年我国普通本专科在校学生数达到 2831 万人。高校招生规模的扩大导致大学生网民数量的急剧增多,大学生群体使用互联网有效促进我国网民整体互联网普及率的提升。

(2)上网时长

根据 CNNIC 公布的数据,大学生网民上网时长逐年增加,图 1.9 为 2011—2015 年大学生网民每天上网时长。2011 年大学生平均每天上网时间为 3 小时, 2012 年大学生平均每天上网时间为 3.3 小时,2013 年大学生平均每天上网时间为 3.6 小时,2014 年大学生平均每天上网时间为 4.2 小时,2015 年大学生平均每天上网时间增至 4.5 小时,可见大学生上网时长呈显著增长趋势[6,9-10]。

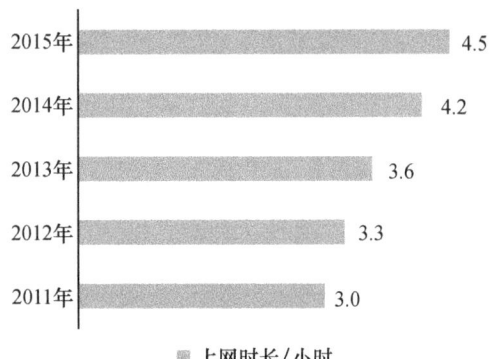

图 1.9　2011—2015 年我国大学生人均每天上网时长

2019 年 10 月,中国青年网校园通讯社围绕手机上网问题,对全国 1220 名大学生进行问卷调查。图 1.10 是本次调查的大学生每天上网时长人数占比情况。大学生每天使用手机上网 1 小时以内的人数最少,比例仅有 2.5%。每天

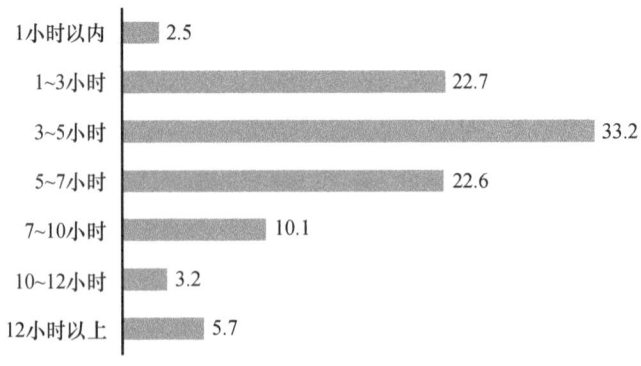

图 1.10　大学生每天手机上网时长人数占比

使用手机上网1~3小时的人数较多,比例为22.7%。每天使用手机上网3~5小时的大学生最多,人数占比33.2%。每天使用手机上网5~7小时的大学生占22.6%。每天使用手机上网7~10小时的大学生占10.1%。每天使用手机上网10~12小时的大学生相对较少,仅占3.2%。出人意料的是,每天使用手机上网超过12小时的大学生比例竟高达5.7%。大学生在手机互联网使用方面消耗的时间成本不容小觑。

中国青年网围绕大学生熬夜问题进行了调研,调研结果发现:近40%大学生经常熬夜,大学生熬夜的主要原因是为了玩手机,其中近80%大学生每天使用手机上网时长为1~7小时;超过40%大学生每天使用手机上网时长超过5小时;使用手机上网成为不少大学生熬夜的主要原因。2019年上半年,我国网民每天平均上网时长为3.99小时,大学生每天上网时长远远超出我国网民上网时长平均水平,这从侧面反映出大学生群体的互联网使用率高于网民整体水平。

(3)各类手机应用使用情况

大学生学习生活的方方面面都有网络行为的影子,联系亲朋好友、买一本书、看一场电影、找一份资料、寻一份兼职、进行一次旅行等都可以通过网络实现。CNNIC公布的2015年我国大学生各类网络应用普及率如图1.11所示。近99%的大学生使用即时通信应用,即时通信成为大学生网民普及率最高的应用;其次是搜索引擎,在大学生群体中的使用普及率超过93%;另外,网上支付、网

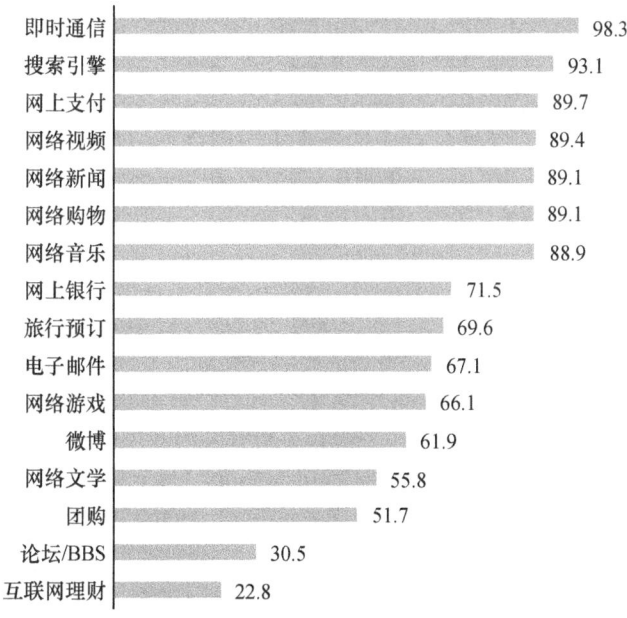

图1.11 2015年我国大学生各类网络应用普及率

络视频、网络新闻、网络购物与网络音乐等应用的使用普及率在89%左右[6]。

2019年10月,中国青年网调查了全国1220名大学生手机上网行为。调查结果显示,使用手机进行社交聊天的大学生人数最多,占比83.93%,62.46%的大学生使用手机查阅资料,58.61%的大学生使用手机听歌,53.93%的大学生使用手机看书学习,48.93%的大学生使用手机进行网络购物,45.49%的大学生使用手机观看电视剧或电影,41.80%的大学生使用手机打发时间,39.84%的大学生使用手机看视频或直播,36.56%的大学生使用手机看新闻资讯,31.97%的大学生使用手机打游戏。

关于大学生每一类网络应用的情况在后续的章节中将进行详细分析,这里不再赘述。

2. 大学生网络行为特点

(1) 网络依赖性强

互联网的发展,一方面为大学生的生活提供了便捷,另一方面引发了诸多问题,"时时可上网、处处可上网、人人可上网"的社会环境,让一些自制力较弱、意志力不强的大学生沉溺于网络无法自拔。20世纪,作为紧缺型人才的大学生大多会珍惜来之不易的学习机会。随着高校招生规模的扩大,一些大学生却成为"低头族"和"网虫"。有调查显示,高校课堂上近80%大学生"身在曹营心在汉",老师在台上讲得火热,台下学生却充耳不闻,玩手机、看平板、打游戏,玩得不亦乐乎。这个现象已经不是个别现象,而是当下很多高校课堂司空见惯的现象。据CNNIC公布的调查结果显示,超过67%的大学生对网络有依赖,超过15%的大学生有强烈的网络依赖程度[11]。

2016年7月,中国青年网联合中国传媒大学围绕网络依赖行为对四个年级的在校本科生进行了抽样调查,结果显示:①70%的男生在流量用完后会花钱购买,而流量用完后会花钱购买的女生比例仅为58%。对于长时间不能上网的忍受力,男生普遍低于女生。可见,男生网络依赖程度高于女生。②不同专业大学生网络依赖程度差别较大。超过70%的文史类大学生每天上网时间超过4小时,55.7%的艺术生每天上网时长超过4小时,每天上网时间超过4小时的理工类大学生比例仅为43.4%。虽然上网时间长短与网络依赖没有直接关联,但是每天上网时间在一定程度上反映了大学生对网络依赖的程度。③大学生是否单身与每天上网时间存在一定关系,单身大学生比非单身大学生在网络中消耗的时间更长,这在一定程度上说明单身大学生有更明显的网络依赖行为。

网络游戏作为最具特色的网络文化产品之一,遍布在网络的每一个角落,制作精良的游戏产品有着迎合学生群体口味的主题设计,甚至包装以恶搞、低俗、暴力等吸引大学生的元素,吸引力极强。"色香味俱全"的网络游戏成为当下很多大学生的"必修课",课堂上、被窝里、行走中,每时每刻都充斥着网络游戏的气息,一些大学生最感兴趣的交流话题不是成绩、荣誉、发展、未来,而是《英雄联盟》《王者荣耀》《绝地求生》。除了大型网游,像《连连看》《开心消消乐》《斗地主》等小游戏也毫不逊色,成了很多大学生打发零碎时间的最佳"伴侣"。2018年1月,养生游戏《旅行的青蛙》深受广大佛系学生的喜爱,刷爆朋友圈,一时间朋友圈从"晒娃风"变成"晒蛙潮"。

近几年抖音、快手等短视频社交平台迅速发展,为大学生提供了强烈的感官刺激,这种直截了当的信息呈现方式和沉浸式体验,让不少大学生在潜移默化中成为抖音的"奴隶",心甘情愿地接受抖音的"填喂"。被称为自律"杀手"的抖音极易让人上瘾,有人称抖音是网络时代的精神"毒品",在魔性洗脑神曲的烘托下,时间被很自然地忽略了。不少大学生感慨:"抖音有毒""一不小心就刷了一天""根本停不下来",可是一通快乐"享受"过后,是一种莫名的茫然与索然无味,整个大脑就像被掏空,耳畔回响着各种各样的抖音神曲,沉浸在抖音的娱乐中难以自拔,明知很难控制却总是忍不住点开那个跳动的音符。

(2)个性表达迅猛

网络时代,每个人都可以成为创作者,网络语言的制作对技术含量和创作成本没有很高的要求,通过搜索、浏览、复制、粘贴、转发、收藏、下载等方式就能创造出一种全新的网络语言。很多资源通过网络信手拈来,毫不费力,流行语、表情包等网络语言的泛滥膨胀,让大学生呈现出前所未有的"创造"活力,他们充当着网络语言的创造者和搬运工的身份,不断上演语言符号的大生产、大传播和大评论的奇观,从而满足自身放松自我、个性张扬、价值凸显的存在感与被认同感。

网络流行语让大学生的网络表达更加个性、自由、独具特色,也许很多大学生无法熟练说出"魑魅魍魉""饕餮之餐"等词汇的含义,但他们一定非常熟悉"不要迷恋哥,哥只是个传说""人家拿小拳拳捶你胸口""友谊的小船说翻就翻"等网络语言。网络流行语充斥在大学生生活的每一个角落:心情不好就是"蓝瘦香菇",游戏获胜就是"吃鸡",家庭富裕就是"家中有矿",起床困难变"床仙",运气好的变成一条"锦鲤",种种网络流行语成为大学生表达的常用语言。

表情包成为当下很多大学生喜欢使用的交流语言,利用表情包"斗图"也成为很多大学生在网络交流中的乐趣之一。就像一股强大的文化潮流,在大家熟悉的图片素材上,搭配恶搞、戏说、调侃、挖苦、讽刺的字眼,经过个性化的排列组合,形成了可以表达特定情感的交流符号,大学生"众声喧哗"的自由舆论诉求通过制作、收藏、分享、转发表情包获得满足。在选秀节目《创造101》斩获第三名的杨超越成了大学生考试周QQ空间和朋友圈的热门表情包,前有锦鲤后有杨超越,"转发这只杨超越,书都不用读就能拿第三,偶尔还能冲第二""转发这个杨超越,成绩差不努力,也能考第三"。

(3) 娱乐化趋势明显

随着网络的不断发展,大学生网络行为更加碎片化、娱乐化,几乎所有大学生都有睡前使用手机或电脑上网的习惯,而且上网的重要目的之一就是娱乐消遣,大学生对网络娱乐的依赖更加深入。网络游戏、网络直播、网络动漫、综艺节目、网络小说等都成为很多大学生青睐的娱乐项目,大学生的网络行为表现虽然多元化,但是很多网络行为的背后娱乐化倾向性却十分一致。在网络世界,大学生的交流语言有同质化的表现,网络流行语的使用很好地体现了这一特点,每年的网络流行语都可以称为"经典",大学生在网络交际中非常喜欢引用网络流行语,还有被各种"经典"带火的甄嬛体、元芳体、陈欧体、本山体、淘宝体、凡客体等网络模仿文体。抖音短视频中大学生在宿舍五花八门的恶搞作品能获数十万甚至上百万点赞。很多大学生私下津津乐道的话题是明星八卦、娱乐选秀、打怪升级,大学生网络行为的娱乐化趋势越发明显。

(4) 失范行为普遍存在

柏定国在《网络传播与文学》一书中对"网络行为失范"进行了较为详细的阐述。"网络行为失范是网络行为主体违背了一定的社会规范和所应遵循的行为准则要求,而在虚拟的电子网络空间里出现行为偏差,或者因为不适当地接触和使用互联网络而导致行为偏差的情况。"他认为网络行为失范既涉及网络空间的失范行为,也包括引发行为失范的原因和行为发生过程,属于广义的网络失范行为范畴。基于网络行为主体及其行为都具有社会性,网络失范行为的判定标准有两个:行为是否违背或偏离既有的社会规范,行为本身或过程是否具有一定的社会危害性[12]。

网络的开放性、隐匿性、自由性、交互性,让一些大学生表现出不同程度的失范行为,主要表现为对主流价值观的质疑与挑衅,在网络社交过程中言谈举止的失范,制造网络谣言,进行人肉搜索,实施语言暴力,对网络信息不加甄别随意评论与转发,利用网络进行非法交易,利用网络非法窃取他人劳动成果,利用网络从事违法犯罪活动等。

三、网络对大学生的影响

1. 积极影响

(1) 开拓崭新视野,思想观念更多元

网络就像包罗万象的宇宙,无穷无尽的知识与信息在网络汇聚,源源不断的新鲜事物在网络中萌发,形形色色的思想与观念在网络中交织,多彩缤纷的文化在网络中碰撞。这让网络时代的大学生可以接触百味人生,开阔了大学生的视野,大学生的思想观念在网络的"千锤百炼"中变得更加多元化,没有了单一的标准和唯一的准则,大学生待人接物的态度与思考问题的角度都会出现多样化表现。

(2)缩短时空距离,交际沟通更顺畅

通过网络,即使身处异地也能随时保持联系与沟通,千山万水在网络世界就是几秒的距离,独自在外的大学生虽远离家乡,却可以通过网络方便地与亲朋好友取得联系,这种跨越时空的交际有效提升了大学生的内心归属感,帮助他们缓解身处陌生环境时的不安,降低遇到压力时的焦灼。通过网络交际,大学生还能接触到各行各业中形形色色的人,扩大人际交往的范围。同时,网络为大学生的人际交往提供了独特的视角与新奇的体验,充满新奇的网络环境让活力满满的大学生更加主动地进行交流与表达,一些在现实中无法实现的想法在虚拟的网络世界中得以施展,满足大学生内心猎奇的欲望,从而激发大学生对外交流的主动性。

(3)共享优质资源,学习资源更丰富

《国家中长期教育改革和发展规划纲要(2010—2020年)》指出:"加强优质教育资源开发与应用,建立开放灵活的教育资源公共服务平台,促进优质教育资源普及共享。"网络学习平台的出现,打破了时间与地域的边界,消解了优质教育资源的时空限制,搭建了资源共享的桥梁,实现学习资源的最大化利用,引导优质教育资源向均衡方向发展。"互联网+教育"让互联网与教育深度融合发展,成为当下大学生学习的重要模式之一,有效提升了优质教育资源的普及和价值,同时依托科技和大数据,让个性化培养释放出更大潜力,学习体验更加人性化。

(4)释放内在压力,心理需求更满足

在网络的世界里,每个人都可以换一个"身份",没有不平等与歧视,隐蔽的网络世界为大学生提供了一个相对"安全"的环境与氛围。在网络世界不需要体验面对面的尴尬与不快,敲击键盘就可以将内心的不满、焦虑、愤怒、嫉妒等不良情绪发泄出来,这让一些性格内向、寡言少语的大学生在网络中表现得异常活跃,在网络世界中他们更愿意吐露心声,释放内心的真情实感。

(5)提供多样平台,能力提升更便捷

互联网是一个无奇不有的大熔炉,信息丰富、传播迅速、内容新鲜,在生活节奏不断加快的当下,网络很好地契合了大学生群体重视时效的特点,正如快餐一样,网络为大学生强烈的求知欲望和展示欲望提供了无限可能。轻点鼠标、一按键盘就能快速找到需要的信息,学习和工作效率大大提升。学术竞赛、社会实践、专业实习、公益服务、志愿活动等所有与大学生相关的活动都可以在网络平台找到相关资源与施展渠道。

2. 消极影响

(1) 过度依赖网络严重影响身体健康

晚上熬夜,早上赖床,宅宿舍、点外卖、打游戏、追韩剧、刷抖音、看直播,手机电量熬到最后,眼球干涩揉揉继续,因为犯困手机砸到脸上,都无法阻挡"吃鸡"的兴奋与"鞍刀咆哮、一骑当千"的冲动。这是很多大学生的生活日常,手机不离身,经常下意识地找手机,没了手机立刻变得焦躁不安,"可以不吃不喝,可以不休不眠,但不能没有手机,更不能没有流量"。校园里、地铁上、马路边,随处可见手机不离手的"手机控"。

2018年1月,中国青年网围绕熬夜问题对全国1089名大学生展开调查,结果发现在大学生群体中,熬夜已经成为一种司空见惯的现象,24.43%的大学生每天都熬夜,39.12%的大学生经常熬夜,33.79%的大学生偶尔熬夜,只有2.66%的大学生从来不熬夜。调查中,超过70%的大学生熬夜的原因是玩手机,可见使用手机上网成为大学生过度化网络行为的直接诱因。除此之外,对于熬夜的态度,超半数的大学生对适当熬夜并不反对,不少大学生认为日常的学习和工作占据了白天大部分时间,晚上12点过后才有属于自己的休闲时间,玩游戏、看小说、追热剧,等实在熬不住的时候就到下半夜了。

长时间沉浸在网络中,容易出现眼睛疲劳、视力下降、视网膜脱落等问题。长时间保持一个姿势容易导致颈椎、肩膀、腰部出现疼痛症状,英国调查发现,18~24岁年轻人超过80%因玩手机导致颈背疼痛。睡眠质量下降,甚至失眠,精神状态低迷,注意力不集中,焦虑增多,免疫力低下,心脑血管疾病增多,因过度沉溺网络而猝死的案例不在少数,因过度关注手机而发生意外的情况也数不胜数,"低头族"成为高发群体。

(2) 虚拟的网络让大学生的人际关系更疏离

课堂上,老师与学生的沟通变得呆滞而不通畅,近80%的大学生低头玩手机,完全将学习抛之脑后,老师与学生互动,底下学生一片冷漠,无奈的老师只能自问自答。回到宿舍,很多大学生的首要"工作"是戴上耳机听神曲、刷抖音、玩游戏、看视频、逛网店,吃饭都要点外卖,虽在同一屋檐下却说不上几句话,虽近在咫尺,心却各在天涯。

在网络世界,足不出户也能随时"到场",换个"身份"就能在别人看不见、听不到的环境中随性地表达意见、发泄情绪、讽刺调侃、"体味"人生百态,数以万计的大学生可以在同一时间聚合在网络"场域",营造一种"高度临场"、众人围观的临时狂欢盛况,走出网络内心却更加孤独,仿佛一切都是"雾里看花""水中捞月",人与人之间的交流没有了面对面的温度,人与人之间的沟通没有了心贴心的真诚。最终的结果就是大学生的人际关系出现网上火热、现实冷漠的冰火两重天现象,人与人之间的关系貌合神离,一种难以言说的疏离感成为不少大学生人际关系的障碍,想逾越却无力感十足。

(3)认知趋于同化、固化,审美品位被拉低

"标题党""键盘侠"等成为网络中的司空见惯现象。大量的网络推手和网络水军,通过情景渲染和道德煽动等手段,不断掀起网络舆论的浪潮,很多事情被断章取义演绎后变得导向集中,不少网友尤其是相对单纯的大学生群体更容易受到暗示。

内容浅薄、品位低俗、内涵苍白的网络信息让美与丑二元对立的界限不再清晰,非伦敦或哈佛大学硕士毕业生不嫁,择偶标准是刘德华的帅气、任达华的性感、立威廉的俊俏、谢霆锋的冷酷、韩寒的才华。自称"9岁起博览群书,20岁达到顶峰,智商前300年后300年无人能及",真是"语不惊人死不休",相貌与言论形成巨大反差的罗玉凤火遍大江南北。网络中充斥着各种与传统审美相悖的现象,在网络世界,传统意义上的"丑"可以变成一种特殊的"美",通过戏耍、暴露、反串和丑化等方式,花样恶搞,层出不穷,不断满足人们刷存在感和寻刺激感的低级趣味,充满低俗的"臭味"。网络中形形色色的另类炫耀让人目不暇接,炫富、炫权、炫丑等行为随处可见。以丑为美、以炫为技、以逸为荣、以利为上等违背传统审美标准的现象变得不再稀奇,甚至有演变成潮流的趋势,过度的感官刺激和娱乐满足下,庸俗浅薄的快餐文化严重消磨着人们的高尚品位和审美情趣,大学生的审美取向在潜移默化中被同化,审美品位被带偏。缺少人文艺术感与历史厚重感的文化恐慌现象初见端倪。

(4)情感淡漠,情绪控制力变差

大量的网络新闻推送社会负面事件:扶摔倒老人反被讹、假期打工陷传销、独自外出被害、深陷校园贷被逼上绝路等,这些负面网络新闻无形中导致大学生信任感严重滑坡,一次被骗经历足以让他们"一朝被蛇咬十年怕井绳",大学生对外界的信任感不足。2019年新年,翟天临论文造假一事引发了各界对学术诚信的深度思考。网络搜索的便捷为学术研究提供了方便,网上各种学位论文代写、期刊论文代发的广告不断挑战大学生的诚信底线,一些大学生出现抄袭、造假等学术不端行为,诚信意识缺失情况日渐明显。网络中一些涉及诈骗、凌辱、嘲讽、不公等社会矛盾冲突的信息如潮水般涌向大学生,直截了当的碎片化信息不断冲刷着大学生对忠厚善良、无私公正、大爱无疆、乐于助人等传统优秀文化品质的质疑与冷漠。"水滴亦能石穿",负面网络信息长时间的浸润容易导致大学生的集体荣誉感、同情心、大局意识、责任意识、担当意识等道德感乏力甚至缺失。

越来越快速的生活节奏,在提升人们生活质量的同时也带来了一些负面问题,现代化的生活让大学生的浮躁情绪增多。网络中经常曝出因为一点小事就互撕开骂、一言不合就干架的信息,出现矛盾后第一想法不是心平气和地商量解

决,而是用一种排山倒海的气势进行攻击和反抗,"路怒症"就是现代人典型的浮躁表现。网络中很多信息传递了这样一种情绪模式:焦虑多于淡然,敌意多于信任,暴躁多于平和,冷漠多于关心,大学生在这样环境的"耳濡目染"下容易变得更加焦虑、恐惧、敌意、暴躁甚至极端,情绪控制能力变差。

(5)乱象丛生的网络影响大学生的价值观

2018年,抖音首次公布用户年龄,抖音网红主要为97后,24岁以下的用户数量占85%,可见越来越多的年轻人将宝贵的青春消耗在短视频上。一项关于95后最向往的新兴职业的调查结果显示,54%的95后年轻人向往做主播和网红,不得不叹服这些主播和网红对年轻人的号召力!一些大学生为了迎合当下双眼皮、高鼻梁、锥子脸的"网红脸"标准,"痴迷"于整容,据某整容工作人员透露,暑假期间整容的人比平时多80%,且大多数都是学生。

随着近几年网络直播和短视频平台的崛起,一些不利于大学生健康发展的导向时隐时现、此起彼伏。抖音上一段几十秒的小视频让17岁女孩温婉火得一塌糊涂,千万点赞与粉丝、数十万转发与评论,被封为"直男斩女神"的温婉创造了一夜成名的奇迹。微博上有个15岁女孩道出了自己的心声:"自打关注了温婉姐姐,我就觉得以前在学校太浪费青春了,我已经和家人吵架离家出走,明天就去学校退学,我15岁了应该做点事了,我也要整容去夜场蹦迪钓富二代,为我加油吧!读书太没意思了……爱温婉姐姐,谢谢温婉姐姐告诉我还能这样活,比心心。"足见温婉对未成年人的影响之深。17岁的年龄,本该在校园中拼搏,却衣着华丽,妆容成熟,后被爆料温婉真名许静婉,河南南阳人,17岁辍学,经常泡酒吧,整容后傍富二代,换了多个男朋友,私生活混乱。

恶搞、炫富、早孕、出轨、吸毒等网络乱象在直播和视频平台上"肆无忌惮"地呈现。种种网络乱象传递给大学生一种另类价值观:埋头苦读数十载,辛勤工作一辈子,不如整容变网红。拍一条短视频轻松赚取上千万关注,"轻松"挣到普通白领辛苦工作几个月的工资,说不定还能傍上一位有钱人,从此"飞上枝头变凤凰"。网络就是一把双刃剑,鱼龙混杂的网络信息不断扰乱大学生的价值体系,"读书无用论""金钱万能论"等消极负面的思想在无形之中侵蚀着大学生的思想观念,部分大学生没有明确的奋斗目标,没有十足的前进动力,满脑子都是"赚钱,赚钱,再赚钱"。

网络生态到处可见感性、刺激、直接、快速的信息,充斥着享乐主义、功利主义、自由主义的气息,大学生长时间被"填喂",容易变成懒于思考、懒于拼搏、懒于批判的人,逐步对理性、严肃、内涵失去敏感性,对幸福、尊严、真理丧失认同感,更有甚者出现思想荒芜、信念模糊、政治冷漠、价值扭曲的严重后果。

(6)信息爆炸的网络洪流吞噬大学生的能力

①注意力降低。弗兰克·施尔玛赫曾经在其著作《网络至死》中提到"信息

是需要耗费注意力的,信息的洪流带来的可能是注意力贫乏的浪潮。""在一个信息泛滥的社会中,这种自我耗竭不仅仅产生在营养、健康这些真实世界里的问题中,而且更多地显现在信息消费上。如果网页设计者总是在网页上加入强烈的刺激元素,增强人们对于那些本不需要拥有的食物的占有欲,那么这种自我耗竭会愈发地强烈。我们的行为就像是在疯狂采购中的冲动消费。"[13]

②阅读能力被吞噬。阅读生理学的权威玛雅内·沃尔夫认为:"阅读最核心的秘密就在于可以让读者的大脑获得自由思考的时间,而这种思考所得远远超过他们在阅读之前所拥有的认识。"传统书面阅读在我们的大脑中有"延迟性",正是这若干毫秒的延迟梳理了大脑的线性思考,引导阅读者对阅读内容进行概览和沉思[13]。而互联网中的大量信息,给网络阅读者的"延迟时间"几乎消失,阅读者在无形中失去了深度阅读与自由思考的时间,充满强烈感官刺激的快餐化供给、碎片化咀嚼的网络阅读模式让大学生的逻辑思维能力和自主思考能力被消解,在大数据统计的帮助下,大学生的阅读喜好被捕捉,定期推送大学生感兴趣的网络阅读信息,长时间的被动"阅读"让大学生变得懒于思考。

③自制力面临重大挑战。"刚想专注地做一件事情,转眼间却被手机推送的一条热点新闻吸引了注意力。""打开抖音,不知不觉半天过去了,合上手机才发现自己什么也没做,空空如也。""学习如此枯燥,还是网游更合我意啊。"这些都是很多大学生的真实写照,他们内心非常清楚学习的重要性,就是无法抵挡让人眼花缭乱的网络诱惑。"低头族"成为目前高校的一个普遍现象,让不少老师束手无策,再精彩的课程内容都没有网络世界的吸引力强,讲台下一片"低头族",他们沉浸在自己的网络世界,时不时因为快乐而"喜上眉梢"。网络时代,有一种"自律"是晚上十点睡觉,可是看似如此简单的事情,对当下大学生来说却是"难于上青天",晚上十点是很多大学生刚刚走进网络的时间,熬夜至凌晨已是"家常便饭",虽然大多数学生知道熬夜对身体危害很大,但就是无法控制自己,自制力水平让人堪忧。

④记忆力减退。包罗万象的网络在为学生们开阔视野的同时,也在悄然消磨着大学生的记忆力,传统的阅读被浏览网页取代,写作被复制粘贴打败,记忆被网络搜索占据。高校课堂上,学生可能边"听课"边玩手机;一个复制粘贴也许就能轻松完成一份作业,一个网络搜索就能找到自己想要的各种资料。大脑的存储更多依赖于网络,物质的极大丰富、海量的网络信息成为大学生记忆力的隐形"杀手"。另外面对网络世界,还有一个现象,刚想专心致志地投入学习或工作,一个信息进来或者一个App点击的冲动都会让人忘记自己之前忙了什么,时而出现的网络信息成为人们注意力和记忆力的"意识干扰"。正如施尔玛赫所言:"每当短信铃声或者电子邮件的提示音响起的时候,就是我们被操控并失去控制的时刻。"[13]

⑤创造力被抑制。德国心理学家戈特弗里德·海纳特曾说过:"创造力意味着从复述和反应式的狭隘思维和态度中解放出来,向灵活性、自发性和独立性的方向发展,而不走到绝对自由的极端上去。"[14] 正是网络无所不有的信息,让大学生沉浸在凡事仿佛都"唾手可得"的错觉与假象中。爱德华·塔夫特认为:"'图片'会让人自以为得到了信息,而这种假象会让人失去创造力和讨论的兴趣。"老师的课堂讲授大多依赖于网络和多媒体技术,各种图片、文字、符号、视频等片段式元素通过 PPT 课件一股脑地"灌"给学生,片段式的"过滤"没有完整的"故事情节",学生创新的主动性大打折扣[13]。

(7)网络外在约束力缺乏诱导失范行为的发生

对于违背社会惯常认知的行为概念界定,学术界并未形成统一的认知,越轨行为、违规行为、问题行为、异常行为、偏差行为、失范行为等都有研究。本书中将涉及不遵循规范常理和道德伦理等的行为统一称为失范行为。网络由于没有外在的强有力约束,一些在现实中无法实践、不敢尝试的想法在网络世界容易被放大化,侮辱性的语言攻击、肆意窥探他人的隐私、抄袭他人的知识成果、对不顺眼的人或事进行道德"绑架"等行为变得习以为常,网络空间的隐匿性助长了一些大学生无视法律界限的"勇气",公然挑战法律的底线,发生网络犯罪行为,影响一生。

第二章
大学生作为网络教育受众的行为表现及引导

网络是高校开展思想政治教育的重要载体。2016年12月,习近平总书记在全国高校思想政治工作会议上指出:"要运用新媒体新技术使工作活起来,推动思想政治工作传统优势同信息技术高度融合,增强时代感和吸引力。"除了思想政治教育,大学生安全教育、心理健康教育等都纷纷加入互联网教育的大队伍,呈现百花齐放的网络教育生态环境。本章讨论的网络教育主要围绕思想政治教育、大学生安全教育和心理健康教育等方面,专业技能和职业技能培训的在线教育将在第五章分析。

一、大学生网络教育平台

1. 思想政治教育类

2016年,中共中央、国务院印发的《关于加强和改进新形势下高校思想政治工作的意见》指出:要加强互联网思想政治工作载体建设,加强学生互动社区、主题教育网站、专业学术网站和"两微一端"建设,运用大学生喜欢的表达方式开展思想政治教育。树立互联网思维,加强互联网思想政治工作载体建设,推动思想政治工作传统优势与信息技术高度融合,使互联网成为开展思想政治教育的"第三课堂",成为高校思想政治教育工作的有力抓手,其发挥的重要育人功能不言而喻,全国各大高校纷纷占领网络思想政治教育阵地,积极发挥高校校园网站联盟作用,各种主题教育网站、大学生互动社区、"两微一端"建设、网上党建园地、网上论坛等思想政治工作平台大量涌现。

(1) 学习强国App

北京林业大学经济管理学院的学生通过学习强国App"每日一曲"栏目,用猜歌词和唱歌曲的方式参加"我和我的祖国"爱国主义主题教育活动。此次活动就是利用学习强国App互动性和信息化优势的一次有效实践,使主题教育活动更具有时代感和吸引力。

大学生群体中涌现的青年榜样不仅在学习强国App平台上展示,而且很多学生党员和学生骨干将学习强国App作为自己理论学习的重要渠道,每天翻看一遍学习强国App成为不少大学生日常学习生活的常态,部分参加研究生考试、公务员考试或事业编考试的大学生反馈学习强国App的内容对他们的考试很有帮助。绍兴文理学院元培学院的赵文胜同学在朋友圈里"火"了一把,因为他连续完成学习强国App挑战答题环节通关1073题、平均每道题目耗时仅为2.89秒,自2019年5月接触学习强国App,他被学习强国App中丰富强大的内容吸引,开启了他一年的学习之旅,除了浏览新闻专题,他还利用学习强国App寻找自己感兴趣的专题,比如"原著"栏目,最近他迷上了《共产党宣言》,正在努力背诵全文。

(2)易班平台

厦门大学自2012年12月开始试点推广建设易班以来,积极开展易班主题活动、易班产品与技术研发,充分调动学生的积极性与主动性,推动学生将易班用活、用透、用好,积累了丰富的易班工作经验。图2.1是全国高校思想政治工作网公布的厦门大学易班轻应用集群情况。借助易班平台的开放性,厦门大学将易班与"i厦大"手机App和"两微一端"实现对接与共享,大学生通过"i厦大"轻应用群或"i厦大"手机客户端可以随时随地查询学习成绩、个人课表、宿舍电费、图书借阅等情况。易班与微信结合开发了"易抢票""返校同路人""签到有礼""扫码签到""校运会积分榜"等近10款产品,方便了大学生活动的组织开展。依托NOVA网络文化工作室开发了"易问卷""易投票"等易班轻应用,学校师生均可简单快捷地发起在线调研和投票。厦门大学开通"名企进易班"专栏,推送名企招聘信息到大学生手机上,方便学生求职就业。邀请国家高级职业

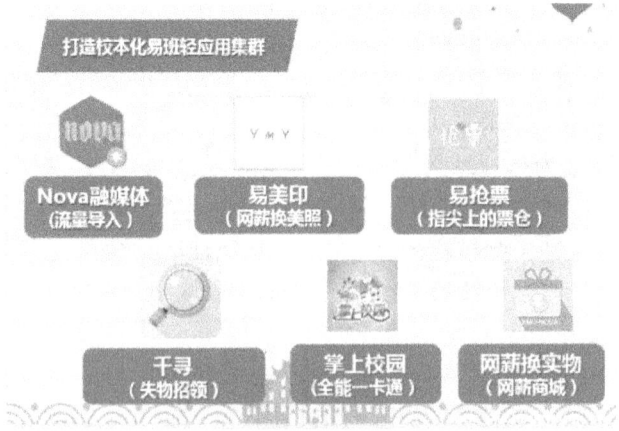

图2.1　厦门大学易班轻应用集群

指导师开通"就业'刘'言板",为学生在线答疑解惑,指点职场迷津。2019年4月,厦门大学95周年校庆期间,易中天教授、经济学家张五常教授和诺贝尔经济学奖获得者詹姆斯·赫克曼教授讲座的8195张门票通过"易抢票"轻应用发放,参与易班抢票的师生人数达14347人,易班平台访问量突破30万人次。

重庆大学从思想政治素养、网络文明素养和网络法治理论三个维度将易班的建设内容分成了阵地建设、内容建设、网络舆情主动权和生态建设四个方面。重庆大学的易班建设工作以精彩的内容、特色的活动、浓郁的文化、强大的功能为抓手,通过奖励与制度引导学生、校园网络大V、明星老师、兴趣社团、校园官方机构等校园特定主体在易班上发声,用大学生喜闻乐见的形式开展的易班特色活动累计访问量超过4万人次,自主设计传递校园文化精神的网络社区吉祥物,依托易班开展贫困大学生帮扶工作,提升了网络社区温暖的育人氛围,整合学校数字化校园项目门禁系统、讲座查询、课表查询、一卡通消费查询、图书借阅、校园支付、网络故障报修、校园SQIP项目在线申报等功能,为大学生的学习、工作、生活提供便捷服务[15]。

(3)门户网站

网站作为思想教育的重要载体,在高校大学生网络思想政治教育的舞台中扮演着十分重要的角色,如人民网、新华网、央视网、央广网、中国新闻网、光明网、中国教育新闻网、全国高校思想政治工作网、中国大学生在线、中国大学生网、中国青年网、中青在线等网站,都是大学生耳熟能详的门户网站。人民网、新华网、央视网、光明网等作为国内主流新闻网站,具有内容丰富、信息权威等优势,是大学生了解国家大政方针和时事热点的有力渠道。

中国大学生在线网站是由教育部主导并推动、全国大学生参与、全国高校依照"共创、共建、共管、共用、共享"原则,以"栏目共建、信息交互、活动联办、服务共享"方式合作共建的公益性、综合性教育部中国大学生门户网站,网站意在打造社会主义核心价值体系教育传播平台、服务校园文化建设和大学生成长成才的一流网络平台,力争成为全国高校最具影响力,全方位服务高校和大学生学习进步、成长成才的综合性知名门户网站。

重庆邮电大学经过多年的探索实践,以"红岩精神"为精神内涵,打造了累计注册用户超过4万人,日均点击量突破10万次,集思想政治教育网、科技人文教育网、身心健康教育网、专业技能教育网、职涯发展服务网等五大子网站的优质网络教育平台——红岩网校,其中思想政治教育网下设"重邮先锋""思政之窗""团建在线"三个主栏目,"红岩网校"是重庆大学将思想政治教育与网络平台有力结合的创新实践[16]。

兰州理工大学以"艰苦奋斗、自强不息、求真务实、开拓创新"的红柳精神为文化衬托,将思想政治教育与网络相结合,打造网络思想政治教育的主题网站——红柳网。

(4)"两微一端"平台

兰州理工大学官方微博开通红柳直播间,学校官网设置"红柳人物"专栏,同时利用手机新媒体平台创办了红柳青年手机报、红柳短信学堂、红柳堂外堂、红柳青年的微博、微信和易班网络社区等几大平台,共同打造兰州理工大学新媒体矩阵的同频共振,每个平台推出"红柳人物""记忆工大""创业百科""工大故事""辅导员微语"等栏目,在潜移默化中推动大学生思想政治工作入脑入心。

作为华水校园的标志性品牌,华北水利水电学院利用新浪微博平台,搭建由校务、教师、学生组织和大学生组成的微博矩阵——华水苇渡,华水苇渡微博广场由"校务华水""师慧华水""学聚华水""达济华水"四个方阵组成,成为学校发布新闻、提供服务、营造文化的重要窗口和重大举措[16]。

广西大学将新媒体微创作与网络思政相结合,积极推送时代感强、吸引力大的网络内容,由大学生自主策划编制的《国旗下的橄榄绿》《侠》等系列微电影,将社会主义核心价值观"演"进学生的心里。学校微信公众号"团学小微"定期推送大学生群体中的榜样人物,线上教育效果显著[17]。

南京航空航天大学利用网络平台推出"一分钟"系列微视频,中央精神、时事政治、社会热点、学校政策等内容在1分钟时间内被生动演绎,这种活泼风趣的网络教育方式极大地调动了广大学生的学习积极性与文化认同感,有些微视频在短短1小时内获上千次点击,如《一分钟四个全面》《一分钟核心价值观》《一分钟责任意识》《一分钟共青团》《一分钟理想信仰》等[17]。

华东理工大学以"小花梨"为主题,将思想政治教育工作与信息技术相融合,开辟了"小花梨"系列网络信息平台,打造了"小花梨"原创校园文化品牌。截至2016年年底,学校微信公众号"小花梨"粉丝达2.77万人,覆盖全校95%的学生,全年累计阅读达180多万人次,"小花梨"微信公众号聚焦大学生思想引领,着重吸引学生注意力,如《与长征穿越时空的对话》《带着国旗去旅行》《我为社会主义核心价值观代言》等线上宣传报道吸引了广大学生的积极参与,有的文章单篇阅读量达26万次。基于"小花梨"微信公众号组建的"青春华理媒体中心",致力于制作和传播贴近大学生的网络文化产品,形成了集微博、QQ空间、映客直播等多平台展现的网络矩阵。"小花梨"运行团队衍生创造了"红军梨""雷锋梨""抗战梨"等文化形象,文化衫、笔记本、交通卡、充电宝等产品上都有"小花梨"的形象,文化内涵深入人心。

(5)短视频平台

2019年,以抖音为代表的短视频平台聚拢了6亿多用户,深受广大学生群体的喜爱。人民日报、人民网、新华社、新华网、央视新闻、小央视频、央视网、光明日报、中国青年报等主流媒体也先后于2018年开通了抖音账号。表2.1是截至2020年1月1日18：00，人民日报、人民网、新华社、新华网、央视新闻、小央视频等央视媒体抖音账号的相关信息。

表2.1 央媒相关平台抖音账号基本数据

抖音账号	开设时间	作品数量	粉丝数量/万人	总点赞量/亿次
人民日报	2018.9.10	1152	5313.7	21.3
人民网	2018.5.3	2245	2941.9	10.5
新华社	2018.8.24	798	2269.8	4.2
新华网	2018.6.14	344	1347.0	0.036
央视新闻	2018.3.29	1806	4419.0	12.1
小央视频	2018.6.13	951	405.4	0.95

从央媒相关平台抖音账号基本数据可以看出，抖音平台的影响力非常惊人，这些主流媒体顺应新形势，将涉及国家大事、社会热点、人民关切的正能量以短视频的形式呈现出来，更容易赢得大学生的思想共鸣。

2. 安全教育类

1992年4月，国家教委颁布的《普通高等学校学生安全教育及管理暂行规定》是安全教育工作正式在高校启动的标志性文件。虽然目前高校安全教育还未形成统一的标准化教学体系，但是安全教育已成为各大高校高度重视的教育内容之一，大学生安全更是高校安全工作的重中之重，是高校各项工作稳定发展的基本前提和重要保障，安全教育工作贯穿学生的整个大学生活。

随着互联网的迅速发展，尤其是国家高度重视网络安全的大形势下，利用网络平台对大学生开展安全教育成为大势所趋。由于网络在线学习可以打破课程师资有限的困境，具有课程时间安排灵活、不受地域限制、视频资源丰富、学习评价清晰等优点，已经成为当前大学生安全教育的必要手段。大部分高校的安全教育学习网络平台采用网页和微信两种模式，多数安全教育网络平台系统都设计了视频课程、试题维护、消息推送三大功能，大学生不仅在平台上可以进行自主学习，还能针对学习内容检测自身学习效果。

北京农学院在首都高校中率先搭建网络化系统学习平台，形成大学生安全教育的新模式，取得显著效果。其安全稳定教育网络平台具有安全知识学习、安全知识考核、学习档案管理的功能，可实现学生安全教育的全过程管理，安全知识学习设置16学时，自测合格后才能获得相关课程的学分。北京农学院将大学生网络安全知识学习作为学生获得综合测评的基本门槛，提高了大学生自主学习安全知识的积极性。学校整合国家、北京市及行业、学校的安全知识教育资源，精心打造内容全面、权威前沿的安全教育"课程超市"，课程资源囊括治安安全教育、消防安全教育、交通安全教育、防范渗透教育、网络安全教育、法制安全教育、心理素质教育、形势政策教育八个模块,每个模块10学时,运用生动的动画、音频、视频等多媒体手段,通过贴近生活的实际案例促使大学生由"与我无关"向"如果是我"的主体意识转变,增强网络平台的教育黏性。

上海市教委历来重视大学生安全教育,2016年4月,上海市教委就制定发布《上海市大学生安全教育三年行动计划(2016—2018)》(以下简称《计划》),《计划》中指出2016年构建大学生安全教育"六个一"工程平台:一个开放的网上课程、一个供练习的题库、一个基于PC端的标准化练习和考试系统、一个基于智能化手机的标准化练习和考试系统、一本切合学生学习需求的教材,开展一年一度的大学生安全知识竞赛,试点开展大学生安全教育网上标准化考试。2017年制作大学生安全教育视频课程,全面推行大学生安全教育网络视频教学,全面实施大一新生安全教育标准化测试,通过率不低于90%。2018年构建大学生安全教育网上教学、测试系统,通过线上线下相结合的大学生安全教育、评价模式,安全教育在大学生群体中做到全覆盖,大学生参加安全教育标准化考试通过率达到100%,优良率达到90%以上。

2019年3月15日,教育部办公厅发布《关于开展2019年"4·15"全民国家安全教育日活动的通知》(以下简称《通知》),《通知》要求通过电视授课、网络直播、巡回讲座等方式,有机结合"实体课堂""空中课堂""网络课堂",做出规模、形成声势,扩大教育覆盖面和受益面,形成"千万学生同上一堂国家安全教育课"的生动局面,切实增强广大师生维护国家安全的意识和能力。各省、自治区、直辖市党委教育工作部门、教育厅(教委),新疆生产建设兵团教育局,部属各高等学校积极响应,组织高校师生观看"千万学生同上一堂国家安全教育课",利用微信、微博等新媒体平台推送国家安全教育知识,涌现了大批网络安全教育的典型做法和宝贵经验。

上海市教委依托新媒体推送国家安全宣传教育内容,利用上海市大学生安全教育平台等资源引导全市大学生进行国家安全微视频课程的自主学习,通过组织开展国家安全知识网络有奖擂台赛,提升了网络学习的参与度和吸引力。组织开展"大学生总体国家安全观微影视作品"评审、展映等宣传教育活动,如东华大学《国家安全就在身边》、复旦大学《兰台记事》、华东理工大学《追梦的未来》、上海交通大学《交影重重》、同济大学《风雨为诗》、上海海事大学《我与"我"》等。

中共福建省委教育工委多措并举,通过新媒体平台持续推送国家安全宣传教育内容。福建师范大学在网络平台推出了"国家安全知识"有奖征答活动。闽南师范大学在官方微博、微信等平台开设"国家安全教育日"话题,推送相关网络文章,采用视频动画、图文并茂的形式普及国家安全知识。宁德市教育局组织党员师生在学习强国App上参加国家安全相关法律知识测试。

广西壮族自治区教育系统通过校园网、易班平台、微信平台等方式,全方位开展线上国家安全宣传教育,营造了良好的宣传学习氛围。"广西校园安全"微信公众号推送《全民国家安全教育日,这些知识你应该知道》,组织全区高校大学生在线观看"千万学生同上一堂国家安全教育课"专家访谈直播,组织各高校在"学校安全教育平台"观看国家安全教育专题活动视频。南宁职业技术学院、广西民族大学等通过易班开展国家安全知识线上网络知识竞赛等活动。

北京外国语大学与北京麦课在线教育联合举办以"树立总体国家安全观,增强国家安全责任意识""4·15全民国家安全教育日"为主题的"安全微伴"网络公开课及线上互动活动。"国家安全专题教育"系列安全微课采用图文、动漫、视频等形式,学生通过手机扫描课程微信二维码进行学习与在线测试,测试满分可获奖励,生动丰富的课程内容及便捷灵活的参与方式吸引了近5600名大学生参与。学校保卫处官方微信公众号"平安北外"推送文章《4·15全民国家安全教育,关于国家安全,你知道多少?》的内容形式涉及微视频、图文案例,该文章有3849人阅读,574人分享,宣传效果良好。

中南大学团委依托新媒体推送"扫雷"版国家安全教育宣传材料,用大学生熟悉的游戏模式将安全知识呈现出来,生动有趣的"扫雷"秘籍让大学生开怀一笑的同时也能充分意识到国家安全的重要性。

3. 心理健康教育类

按照教育部《普通高等学校大学生心理健康教育工作实施纲要》要求,中国大学生心理健康测评系统由教育部普通高等学校学生心理健康教育专家指导委员会指导研制,心理测评量表由北京师范大学发展心理研究所研制,系统由高等教育出版社研制。该测评系统融合了当前国内外心理学领域的最新研究成果,系统提供了范围广、数量多的心理测评量表,可以对大学生的心理健康、个性、人格、行为方式、压力应对方式等指标进行综合测评。测评系统以在线咨询为主,通过聊天、咨询、留言、测评等方式,建立起大学生与老师、咨询师之间互相信任的关系,针对无法言说的心理问题,大学生可以选择专业咨询,也可以依托平台资源进行自助解决。

电子科技大学心理健康教育中心开设"心理健康与创新能力"SPOC线上课程,大学新生通过32学时的学习,可以掌握心理健康的基本知识与技能。心理健康教育中心在学校各个学院的准新生网络群中开展新生答疑和心理宣传,积极普及心理健康教育知识。

被誉为"最受欢迎讲师"和"人生导师"的哈佛大学心理学讲师泰勒·本-沙哈尔(Tal Ben-Shahar)开设的关于积极心理学的公开课程——"幸福课",在网上引起强烈的反响,不少大学生在获得改变心态的新思路后不断向周围同学推荐,觉得这个课程很有用,"幸福课"成为哈佛大学所有公开课里最受欢迎的课程。

在超星尔雅学习平台,关于心理健康方面的课程资源十分丰富,南开大学李强等老师开设的"社会心理学"、北京大学尚会鹏老师开设的"心理、行为与文化"、南京大学费俊峰开设的"幸福心理学"、中日友好医院李子勋等开设的"大学生心理健康教育"、清华大学晋军开设的"精读《乌合之众:大众心理研究》"、中国矿业大学段鑫星开设的"恋爱心理学"等网络课程,涵盖了心理学多个领域,为大学生提供了丰富的学习内容。

除了关于心理健康的在线课程,形式多样的线上心理活动也是各个高校心理健康教育中心纷纷占领的网络心理教育主阵地,通过开展线上心理文创作品大赛、原创心理微视频大赛、网络心理知识竞赛等活动,让大学生在参与网络活动的过程中了解心理知识、运用心理知识,成为高校心理健康教育课堂的重要补充与实践支撑。

二、大学生在网络教育中行为的特点

1. 接受程度逐渐提高

互联网技术的进步与移动设备的普及,推动了高校网络教育的不断发展,在传统教育优势与信息技术高度融合后,"互联网 + 教育"模式成为当下高校开展大学生教育的有力抓手,互联网思维的不断强化使互联网成为开展思想政治教育的有效平台。大学生的第一课堂、第二课堂纷纷走向网络,形成了网络教育的第三课堂,在"无时不网、无处不网、无人不网"的时代,网络教育依托微信、微博、手机 App、门户网站、短视频等网络平台,逐渐成为大学生日常学习生活的必备品。

2. 参与性和互动性增强

在"互联网 +"时代,因为网络语言、网络传播、网络环境的独特性,很多大学生更愿意在网上"发声",大学生可以足不出户,在门户网站、贴吧、论坛、微博、微信、短视频平台等网络媒体随时进行自由讨论、发表见解,每个人都有平等的发言权,与传统高校教育模式相比,网络教育让大学生更能放下思想包袱、畅所欲言,教育的互动性优势明显。网络教育融合新媒体技术,依托大学生喜爱的图像、视频、动画等形式,大大提升了网络教育的吸引力,大学生参与网络教育的主动性明显提升。

3. 自主性越发明显

网络教育平台不受时间、空间、学校、地域、师资等方面的限制,具有极其丰富的教育资源,学生在网络教育过程中可以根据自己的喜好个性、性格特点和实际状况自主选择接受教育的时间、地点、教育形式、教育内容和教育渠道,全方位、多形式的平台资源满足大学生个性化的教育需求,大学生的主体性得到了较好的施展。

4. 主动性与自觉性不足

以前讲"要教给学生一碗水,自己要有一桶水",网络信息快速更新换代的今天,"一桶水"已经远远不够学生的"肚量"了,有人说当今社会的老师应该有"源头活水",随时跟进大学生的思想关切。可是,现实中一些高校网络教育资源更新速度相对迟缓,缺乏对大学生有影响力的内容,传统媒体、思政课、辅导员谈心谈话等单方面灌输的教育方式与网络中充满娱乐感官刺激的信息相比,缺乏吸引力与号召力,很多教育网站的学生访问量严重不足,甚至成为"一潭死水"。久而久之,大学生对网络教育形成消极负面的固化观念,一旦抵触意识形成,大学生对待教育的态度容易不自觉地走向消极,大学生接受网络教育的主动性与自觉性更无从谈起。

5. 实际效果参差不齐

虽然网络教育可以满足大学生个性化的需求,但是对时间、空间等没有限制的教育形式也带来了诸多问题,这种开放式的教育形式缺乏有力监管与指导,不需要实际考核,没有精确的量化指标,学生的学习效果得不到准确的评定,大学生受个体自控能力、规划能力等素质水平的限制,同样的教育环境却出现教育效果的天壤之别。比如针对某个主题开展"千人大课堂""万人同上一堂课"等学生规模庞大的网络教育活动,在气势恢宏、覆盖面广的教育环境中,一些大学生选择"充耳不闻""油盐不进",满脑子都是手机游戏、网络直播、影视动漫,敷衍了事"走过场",教育效果几乎为零。在网络诱惑的面前,很多大学生的注意力难以集中,即使在教育过程中偶尔为某个兴趣点所吸引,但是这种时而参与、时而"缺席"的思维模式破坏了教育的权威性、整体性、连贯性、实效性,更谈不上让大学生主动思考、辩证分析、活学活用。更有少部分大学生存在"找人替""找人刷课"等不良思想行为模式,不仅破坏了正常的网络教育秩序,滋生了不公平的环境,也消解了网络教育本身的积极意义。

6. 情感交流相对较少

传统教育是面对面的交流与互动,而网络教育的双方处于时空分离状态,两者基本无法见面,网上交流几乎无法延展到学生的个人生活中,"身体缺席"的互动形式让"最熟悉的陌生人"成为网络教育的常态,由于缺乏身临其境的情感温度,网络教育的背后是大学生更加淡漠、更加疏离的情感,缺乏心灵归属感的教育方式往往带来"水过地皮湿"的轻描淡写,甚至没有任何留痕。

三、大学生在网络教育中行为的原因

作为当下思想教育的新载体,网络本身也是教育的一部分,大学生是网络教育的主体,他们在接受网络教育的过程中也在传递教育、改变教育。大学生在网络教育中的行为有积极的一面,也有消极的一面,这里主要围绕大学生在网络教育中表现出来的负面行为进行原因分析。

1. 客观原因

(1) 网络教育缺乏亲和力

大多数网络教育基于高校学生教育、管理、服务工作,由学校、院系层面的相关组织建立,以政治理论学习、新闻舆论宣传、活动组织开展等方面内容为主要发力点,教育形式更多偏于单面灌输,一些更新缓慢、缺乏实际操作、思想内涵不接地气的教育内容难以引发大学生的心灵共鸣。

(2) 网络干扰因素复杂

网络媒体把经济利益放在首位,忽视社会效益,契合庸俗低俗的社会低级口味,一味追求把网民注意力最大限度转化为资本收益。以商品化、娱乐化、碎片化信息为代表的网络干扰因素成为目前很多大学生无法逾越的自律鸿沟,趣味性极强的网络视频、网络游戏、网络直播将大学生的碎片化时间甚至大把宝贵时光消磨殆尽。

(3) 工作机制不健全

社会层面、高校层面对网络教育的监管力度乏力,一些不良网络信息没有被及时、有效地清理,直接呈现给大学生。一些高校开展网络教育对大学生参与互动、教育效果没有非常明确的标准要求,"可有可无"的无所谓态度在大学生群体中气焰很盛。负责策划、组织网络教育的人员队伍能力有待提高,不懂网络规律与操作、不谙大学生网络行为特点成为当下一些工作队伍的能力短板。

2. 主观原因

(1) 思想认识不到位

部分大学生对"摸不着"的网络教育抱有很随便的态度,内心深处没有意识到网络教育的必要性与重要性,加之功利主义、拜金主义等不良思想意识在大学生群体中的滋生蔓延,一些大学生以"是否有用""是否加分"等作为衡量自己参加教育活动的必要性和重要性指标,功利心的思维判断模式容易造成大学生接受网络教育的目标不明确、动力不强劲、行动不迅速。

(2) 缺乏良好的网络素养

网络自控力是当下不少大学生十分匮乏的能力之一,无论是手机不离手、眼睛不离屏的"手机控",还是沉溺于刷抖音、玩网游、看直播、读小说、翻八卦的"网虫",越来越多的大学生将宝贵的精力花在网络娱乐消遣中,自制力严重缺失的状态更拉低了一些大学生参加网络教育的主动性和自觉性水平。良莠不齐的网络环境让一些分辨能力较弱、好奇心较强的大学生容易受到腐朽思想观念的不良诱导,主流网络教育受到了前所未有的挑战。

四、大学生在网络教育中行为的影响

网络教育在大学生价值观的形成、政治素养的培养、安全与法律意识的巩固等方面发挥了积极作用,尤其是网络信息时代,不断发展的网络信息技术为大学生思想意识的健康发展融入了多元化的活力。但是一些大学生作为网络教育的受众所表现出来的失范行为,对大学生个体本身产生了一定程度的负面影响。

1. 思想认识方面

开放的网络环境让一些充满色情、暴力、违法犯罪、扰乱社会秩序,甚至打着反对马克思主义和社会主义旗号,鼓吹资产阶级思想的西方敌对势力更是将矛头对准青少年群体,某些政治信仰不坚定的大学生容易受到西方政治、宗教和腐朽思想的侵蚀,世界观、人生观、价值观被影响甚至被扭曲,严重影响大学生的健康成长。这些外在因素在一定程度上助长了大学生反权威、去中心、追求个性自由、放纵任性、不受约束的"亚文化"意识与行为,对主流价值与思想更加排斥、反感,大大削弱了网络教育的思想引导效果。

2. 道德素养方面

众声喧哗的网络环境、不用临场的教育方式让一些大学生萌生了"事不关己高高挂起"的看客心态,"旁观者""局外人"的角色定位,敷衍了事的行为习惯助长了某些大学生投机取巧、不劳而获、急功近利的思想,网络教育"无用论"在大学生群体中十分普遍,"被拉去充数"的现象更是将大学生拉向教育的反面。"无聊""应付""走过场"的固有观念一旦形成就很难被摆正,大学生进取意识、诚信意识、责任意识的滑坡成为不可忽视的问题。

3. 安全意识方面

一些大学生对国家网络与信息安全的重要性置若罔闻,网络安全意识的建立相对迟缓,尤其是身处和平年代的大学生,对没有硝烟的网络战争缺乏足够的政治敏锐性,对网络教育的漠视、抵触甚至排斥更容易给一些别有用心的势力以可乘之机,大学生成为他们渗透、诋毁、颠覆意识形态的重要突破口,用可观的"收入"诱惑缺乏社会经验的大学生,导致一些大学生在不知不觉中当起了泄露或窃取国家机密的网络间谍,成为西方敌对势力的政治傀儡。

五、大学生在网络教育中行为的引导

1. 增强网络教育活力

用积极向上、生动活泼的线上教育内容吸引大学生的注意力,努力打造符合大学生个性特点、成长规律、特色鲜明的主流网络教育平台,积极开展融思想性、趣味性、服务性于一体的线上网络教育活动,尤其是趣味性的强化要从大学生的角度出发,一味追求教育效果而脱离学生群体实际的网络教育终将面临被"冷落"的命运,教育内容健康积极不是难事,让学生从心底里喜欢和接受才是网络教育的真正出路。

提到网络教育,这里不得不提南京航空航天大学一位80后传奇人物——徐川,他的"火"不是因为年纪轻轻便走到了学院中层领导的职位,而是因为他把党课讲活了,讲到学生心坎里去了。2015年5月4日,"南航徐川"微信公众号的一篇文章——《青年节里谈中国》刷爆朋友圈,在诙谐幽默的字里行间传递中国声音、讲述中国故事,深受广大学生喜爱,共青团中央、总政青年局等多家官微纷纷转载并冠以"深度好文"。他的"节日谈"系列评论文章《建军节里谈英雄》《国庆节里谈爱国》《重阳节里谈敬老》等将传统文化推向了讨论的高潮,累计阅读人数突破千万,陆续被中央和地方各大官微转载。95后大学生成长在全球一体化的网络时代,洋快餐、欧美剧、微博控成为他们现实生活中的家常便饭。徐川老师先后通过新浪博客、公共主页、新浪微博、微信公众号,用网络搭建起大学生喜闻乐见的教育平台,成为南京航空航天大学以网络新媒体开展思政引导的先行者和探索者。正是熟谙网络传播与思想政治教育的规律,让徐川老师的文章成为很多学生的精神期待,浏览量达到1000多万,点赞量近20万,让徐川老师在"全国百名网络正能量榜样"评选中获得330多万张选票,在全国高校辅导员队伍建设微信传播指数原创排行榜中高居榜首,他开设的课程"中国传统文化概论"在选课开通3秒名额就被一抢而空。

2. 健全网络教育机制

强化高校网络建设,尤其是网络教育的整体设计与规划需要下足力气。成立网络教育工作小组,配备懂网络、懂技术的网络技术人员,加大力度建设一支熟悉思想政治教育、了解网络文化特点、把握学生成长规律的工作队伍,保障网络教育工作人才队伍的整体素质。制定相应的规章制度,保障网络教育工作有指导、有监管、有反馈、有考核,保证制度体系建设方面"不掉链"。加大调研力度,定期走进大学生一线,及时了解大学生的思想动态,把他们最感兴趣的网络信息、最能接受的教育形式引入网络教育整体规划,而且保证定期调研,努力实现网络教育更新与大学生思想进步同速度、同规划、同实施。加强线上线下教育的联动,有活力的网络教育脱离不了实际生活的支撑与衬托,高校作为大学生思想政治、安全和心理健康的教育主体,应充分利用网络技术强化正向宣传,突出朋辈教育在大学生群体中的氛围营造和行为带动的影响力,积极发掘网络教育中的优秀成长案例,加大宣传力度,为大学生在网络教育中的行为表现树立典范,善于把实际教育中的好经验、好做法、好案例、好榜样引入网络,让网络教育与大学生的真实生活相关联。

3. 提升学生网络素养

对网络认知水平的参差不齐导致大学生的网络素养存在不均衡现象,个体之间差异化明显,通过加强高校网络素质教育水平,引导大学生改善网络认知,提升网络素养。可以说,高校网络素质教育对提升大学生网络素养具有非常重要的作用。大学生自身政治素养、道德素养、法律意识、安全意识、自律能力的提升是解决当前大学生网络教育中不良行为表现的根本方法,依托课堂教学、主题教育、管理服务等多环节工作,提升大学生的网络素养,尤其是甄别是非曲直的能力。"真金不怕火炼",只有筑起大学生自身的思想防护,才能让大学生在丰富、复杂的网络海洋中不迷失自我,找到前进的方向,发掘教育的精髓,将网络教育的内容主动转化为现实中的身体力行。完善网络素养课程教育体系建设,将计算机相关课程、思想政治理论课、思想品德课、法律基础课等课程引入网络素养教育体系,通过课堂讲授将网络素养"递"给学生。

4. 营造良好网络生态

习近平总书记指出:"网络空间天朗气清、生态良好,符合人民利益。网络空间乌烟瘴气、生态恶化,不符合人民利益。"国家互联网信息办公室发布的《网络信息内容生态治理规定》中明确指出了当前网络信息内容服务市场所面临的诸多问题,具体规定了网络信息内容生产者、网络信息内容服务平台、网络信息内容服务使用者以及网络行业组织等主体应当遵守的要求,重点指出了当前大学生容易接触到的网络区域:互联网新闻、公众账号、微博、信息搜索、论坛社区、音视频、网址导航、浏览器、数字阅读、网络游戏、网络动漫、生活服务、知识服务、电子商务平台、移动应用商店等。上至国家层面,下到整个社会层面,尤其是高校,都应该为大学生提供良好的网络生态环境,风清气正的网络环境可以让主流网络教育更有渗透力、更具亲和感,价值引导更凸显。

第三章
大学生网络消费行为及引导

根据 CNNIC 公布的数据,截至 2019 年 6 月,我国网购用户规模达到 6.39 亿人,手机网购用户规模达到 6.22 亿人,另外使用网络支付的用户规模达到 6.33 亿人,手机网络支付用户规模达到 6.21 亿人,网络支付行业持续发展,并呈现出崭新的发展态势,为网络购物市场的快速发展提供有利的条件[1]。随着国民整体审美水平的提高,加之物质生活条件的改善,千禧一代(指 1982—1995 年之间出生的人)和 Z 世代(指 1996—2009 年之间出生的人)成为追求时尚与个性化的主力军。当下大学生大部分是 Z 世代一族,正处在互联网时代,深受互联网、智能手机、平板电脑等科技的影响,追求时尚、个性、气质的需求与日俱增,越来越多的大学生选择网络购物满足自身的购物需求。

一、大学生网络消费行为的特点

2018 年 10 月 17 日,华东政法大学新媒体数据研究院院长孙祥飞发布《2018 中国大学生网络生态和消费行为报告》。该报告由中国校园市场联盟整合产业、教育、学术研究领域的优势资源,对跨越 33 个省级行政区、191 座城市、1312 所高等院校 35104 名大学生进行问卷调查,经过多级抽样调查,最终得到 21829 份有效样本,样本数量占高校大学生总数的 0.081%,通过精准的大数据分析最终形成对中国大学生互联网消费生态、消费结构与消费偏好的分析报告。这项大规模的问卷调查采集样本情况如表 3.1 所示[18]。

表 3.1 《2018 中国大学生网络生态和消费行为报告》样本情况

特征	类别	人数比例/%
年级	大一	53.09
	大二	24.18
	大三	12.45
	大四	4.27
	其他	6.01

续表

特征	类别	人数比例/%
年龄	90后	29.12
	95后	70.88
性别	男生	41.73
	女生	58.27
生源地	城市	37.41
	农村	62.59

1. 消费品类呈多元化、个性化趋势

调查数据显示[18],2018年我国校园市场消费总值达9449.98亿元,每人月均基本生活费为1325.5元,不同品类的消费情况存在较大差异。表3.2为2018年我国大学生消费金额的相关数据。从2018年我国高校大学生消费数据可以看出,餐饮零食、日常生活和人际交往这三种消费金额所占比例较高,占校园市场消费总值的57.44%,其中,一日三餐是大学生最主要的消费品类,服装配饰和恋爱支出均超过500亿元。

表3.2 2018年我国大学生消费金额

一级品类	二级品类	消费金额/亿元	金额总计/亿元	占总消费金额比例/%
餐饮零食	一日三餐	2357.86	2785.34	29.47
	零食饮料、保健品	427.48		
日常生活	服装配饰	704.1	2188.46	15.71
	生活用品	362.75		
	化妆品	289.21		
	校外住宿	128.3		
人际交往	恋爱支出	682.58	1158.42	12.26
	普通人际	475.84		
文化教育	教育培训	381.81	742.21	7.85
	文化娱乐	360.4		
电子产品	电脑消费	297.78	571.04	6.04
	手机消费	273.26		

调查数据显示[18],一日三餐是大学生消费的主要方面,几乎占所有消费支出的一半。图3.1是2018年我国大学生不同品类的月均消费支出情况。从大学生月均消费支出的数据可以看出,一日三餐人均每月消费接近980元,服装配饰方面的月均消费金额为290元左右,用于人际交往、零食饮料、生活用品、休闲

娱乐和化妆品等方面的消费金额在100~200元之间。

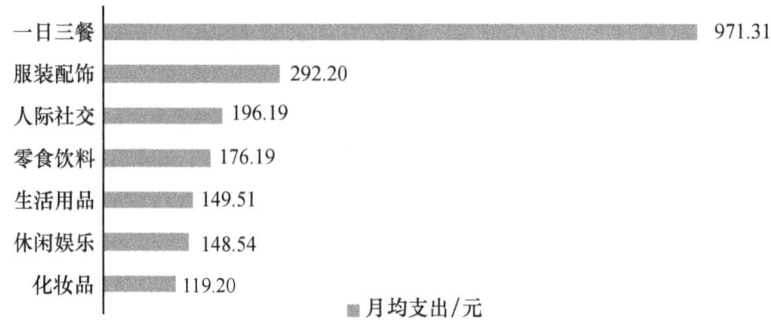

图3.1　大学生月均消费支出情况

根据唯品会公布的大数据,95后对待品牌的态度呈现"实力种草、崇尚个性、拒绝跟风"的趋势,品牌的"个性"因素是95后的首要偏好因素,其次是"有趣"、"潮流"和"品质",他们热衷于潮品,但是对品牌限定不突出。70后忠诚于品牌,80后忠诚于产品,95后紧跟时尚潮流、需求多变,对待时尚95后拒绝千篇一律,追求个性化消费[19]。

2. 两微一端是大学生网络购物的强大导流

调查数据显示,在大学生获取购物信息的渠道中,朋友推荐占70.05%,传统媒体占43.84%,网络广告占38.85%,App推荐占18.64%,网络社群占12.89%,关键意见领袖(KOL)推荐占5.64%。除了朋友推荐,超过70%的大学生通过网络渠道获取购物信息,可见网络在大学生获取购物信息方面发挥了非常重要的作用。图3.2是不同网络渠道购物信息的导流人数占比情况,从图中可以看出,大学生通过新浪微博、微信和小红书获得网络购物信息的人数较多,分别占39.29%、39.18%和22.83%,可见两微一端已经成为大学生网络购物的

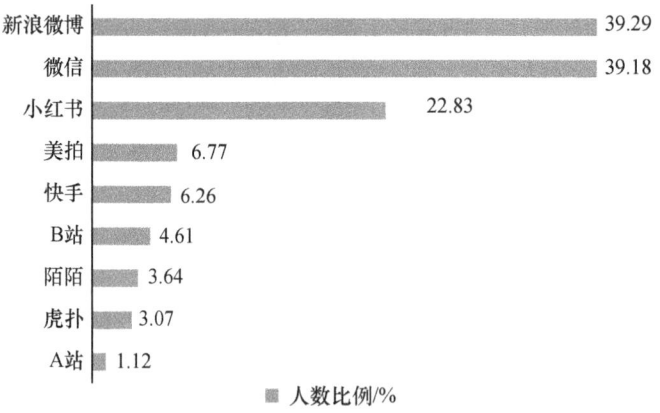

图3.2　大学生网络购物导流人数占比

重要导流平台[18]。

3. 网络消费未实现全方位覆盖

并不是所有大学生都会选择网络购物渠道,调查数据显示49.69%的大学生会选择网络购物,仍有50.31%的大学生选择实体店购物,不同领域的网络消费水平发展不均衡。虽然大学校园的外卖市场已经基本被网络平台占据,但是大学生租房、在线教育、兼职服务、消费金融、休闲娱乐等领域仍有较大的网络发展空间。根据调查结果,38.69%的大学生有过校外住宿经历,其中34.08%的大学生选择朋友介绍的房屋资源,31.34%的大学生选择客户端提供的租房资源,28.03%的大学生选择房产中介,超过60%的大学生通过朋友介绍和传统的房产中介租房,而且朋友介绍是当前大学生获得租房信息的最主要渠道。图3.3是2018年我国大学生使用客户端租房的人数占比情况,自如网成为大学生租房使用最多的客户端,其次魔方、乐乎、蘑菇、闲鱼等客户端使用也较多,但是大学生整体线上租房平台的使用率相对较低[18]。

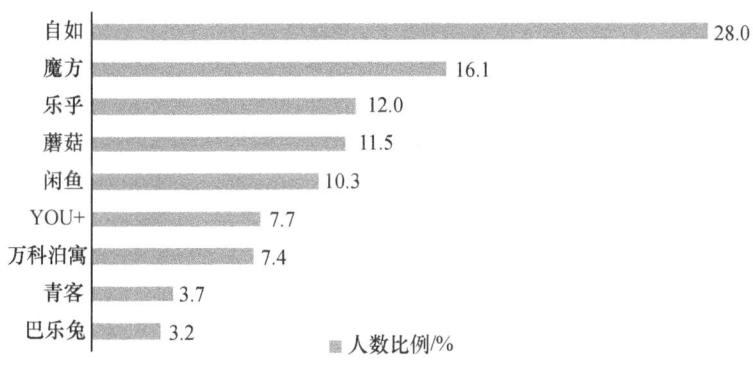

图3.3 大学生使用客户端租房人数占比

调查数据显示,2018年我国大学生参加教育培训每年人均支出1959.06元,72.56%的大学生参加过教育培训。表3.3是2018年我国大学生接受不同形式教育培训的人数占比情况,参加过线上教育培训的大学生比例为49.92%,其余50.08%的大学生选择线下教育的方式,可见半数以上的大学生选择教育培训的方式仍是线下教育,尤其是线下大班授课是当下大学生接受教育培训的重要形式[18]。

表3.3 2018年我国大学生接受不同形式教育培训的人数占比

渠道	形式	人数比例/%
网络教育	直播	28.68
	录播	17.09
	一对一辅导	4.15

续表

渠道	形式	人数比例/%
线下教育	大班授课	28.90
	小班授课	15.41
	一对一辅导	5.77

调查数据显示,2018年我国大学生休闲娱乐年度消费支出水平为1722.96元,其中集体性质的轻度娱乐项目更受大学生群体的青睐。图3.4是2018年我国大学生不同休闲娱乐形式的人数占比情况,近70%的大学生去过影院看电影,其次KTV唱歌、景区游览、书报购买、听演唱会、剧场表演等活动也是大学生的重要休闲娱乐方式,相比于这些,需要付费的网游、网剧、阅读、音频、网络打赏等活动的参与学生人数相对较少[18]。

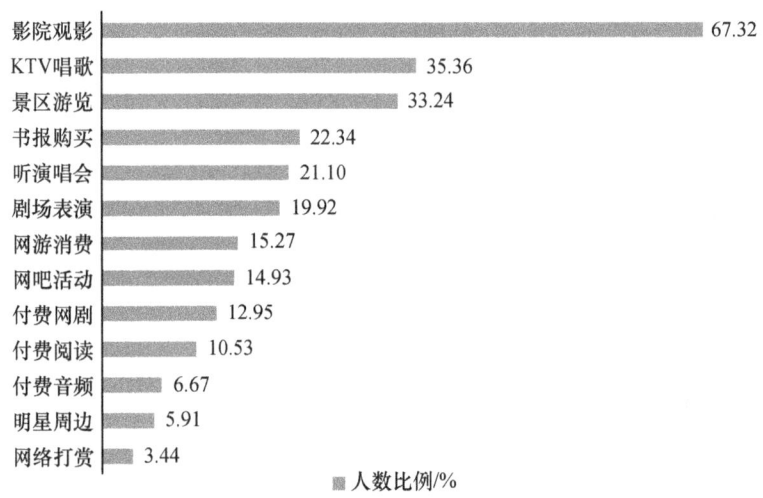

图3.4 大学生不同休闲娱乐形式的人数占比

根据艾瑞咨询发布的调查数据,虽然食品饮料占用大学生最多的日常花销,但是大学生购买食品饮料的渠道则以线下为主。图3.5是2018年不同食品饮料购买渠道的大学生人数占比,近80%的大学生从学校小卖部购买食物饮料,超过半数的大学生选择大型超市,选择网上购买食品饮料的大学生人数占比为23.9%,可见大学生购买食品饮料主要以便利、就近为主[20]。

2018年我国电子商务应用的用户以19~24岁的用户最多,约25%的电商用户是95后,近64%的受访95后每天都使用电商平台,10%的95后每天都通过电商平台下单购物。相比于商场专柜和服装零售市场购物渠道,喜欢淘货的95后更倾向于网络购物渠道,对淘宝的喜爱程度明显高于其他群体,近70%的95后通过京东、天猫、唯品会等电商平台购买美妆和服饰[19]。根据艾瑞咨询发

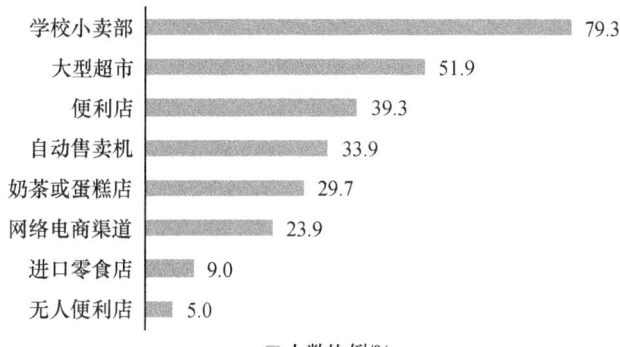

图 3.5　大学生食品饮料购买渠道人数占比

布的《2018 年大学生消费洞察报告》调查数据显示,54.3% 的大学生通过线上购物渠道购买手机,其中京东成为大学生最主要的手机线上购买渠道,63.6% 的大学生通过国内电商平台购买护肤彩妆产品,不同渠道购买手机和护肤彩妆产品的人数占比情况如图 3.6 和图 3.7 所示[20]。

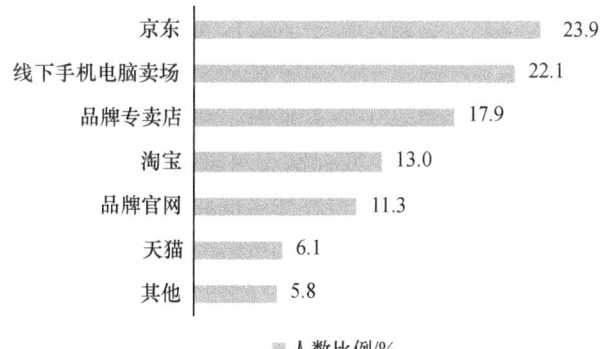

图 3.6　大学生所用手机的购买渠道人数占比

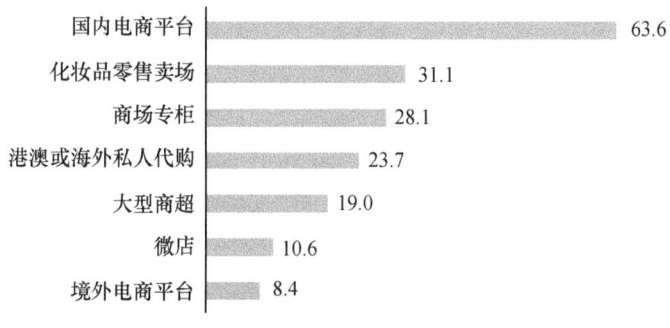

图 3.7　大学生护肤彩妆产品购买渠道人数占比

4. 网络消费迅速崛起,网络购物平台老牌独大

网络消费在大学生群体中十分普遍。根据天猫平台2019年8月29日的数据显示,2019年开学季00后新生平均要花1.3万元配备开学"标配"。00后作为高校大学生的主要力量,凭借强大的网购力创造了开学季人与行李未报到、快递包裹先报到的"空手报到""人货分离"等神奇现象,"行李箱空了,快递盒满了""轻装上阵"成为很多00后新生报到的选择。浙江大学新生总订单量最多,莆田学院新生人均消费金额最高,郑州大学新生成为网购最频繁的群体,北京大学新生考研书籍消费最多,四川大学新生零食消费最多,中国传媒大学新生美妆消费最多。根据天猫平台数据,80后入校三大件是BB机、暖瓶和自行车,90后入校三大件是电脑、手机和平板电脑,而00后入校的三大件是kindle、按摩仪和平衡车,快递比人先到校园已是00后新生入学的常态,足见当下00后大学生群体颇具个性的消费特点和强烈的网购需求。

调查数据显示,首选实体购物的大学生人数占35.77%,首选移动端电商平台购物的大学生人数占37.85%,首选PC端电商平台购物的大学生人数占11.84%,首选电视购物的大学生人数占4.63%。可见,首选非实体购物渠道的大学生人数比例为64.23%,远远超过首选实体购物的人数,非实体购物成为大学生首选的购物主流方式。另外值得关注的是,首选网络购物的大学生人数占49.69%,足见网络购物在大学生群体中的发展势头迅猛[18]。

大学生网络购物常用的平台大部分集中于老牌电商巨头,图3.8是大学生网络购物平台使用人数占比情况,调查结果显示,大学生使用淘宝网的人数最多,占比86.89%,其次天猫商城、京东等知名电商的大学生使用比例也较高,分别为55.66%和45.49%。值得注意的是,拼多多作为后起之秀,发展势头很猛,在大学生群体中的使用人数占15.14%[18]。

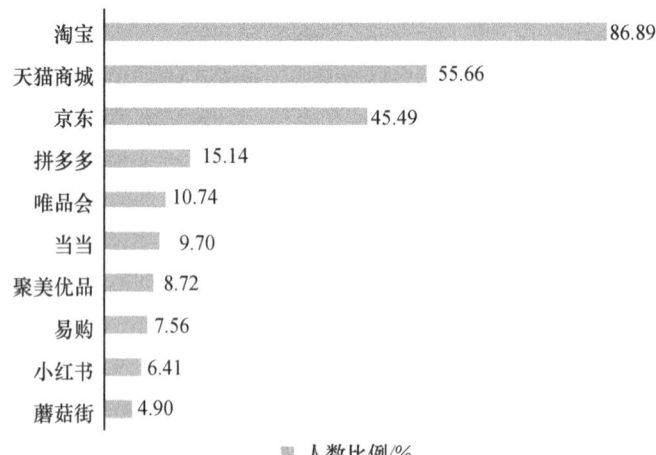

图3.8 大学生网络购物平台使用人数占比

大学生网上点外卖成为非常普遍的行为,外卖市场在高校发展十分迅速,超过60%的大学生使用美团外卖,超过半数的大学生使用"饿了么"点外卖,美团外卖和"饿了么"已经基本占据大学校园的外卖市场,另外接近20%的大学生使用百度外卖,近13%的大学生使用淘宝外卖[18]。

5. 非现金支付方式呈压倒性趋势,消费金融使用比较普遍

随着我国移动支付的蓬勃发展,非现金支付方式已经成为当下最主流的消费支付方式。根据调查数据,45.87%的大学生选择微信支付,43.53%的大学生选择支付宝支付,这两者成为大学生最重要的消费支付方式,而传统的现金支付方式风光不再,人数只有5.96%,3.15%的大学生使用银行卡支付方式,可见94.04%的大学生在消费时都会选择非现金支付,非现金支付在大学生群体消费支付方式中呈压倒性态势[18]。

整体而言,消费金融在大学生群体中十分普遍。调查数据显示,大学生使用不同网络消费金融的人数占比情况如图3.9所示,56.84%的大学生使用过消费金融,其中65.84%的大学生用过蚂蚁花呗,43.41%的大学生用过信用卡,24.73%的大学生用过蚂蚁借呗,18.64%的大学生用过京东白条,使用过分期乐、百度金融、取点花、优分期等金融产品的大学生数量相对较少[18]。

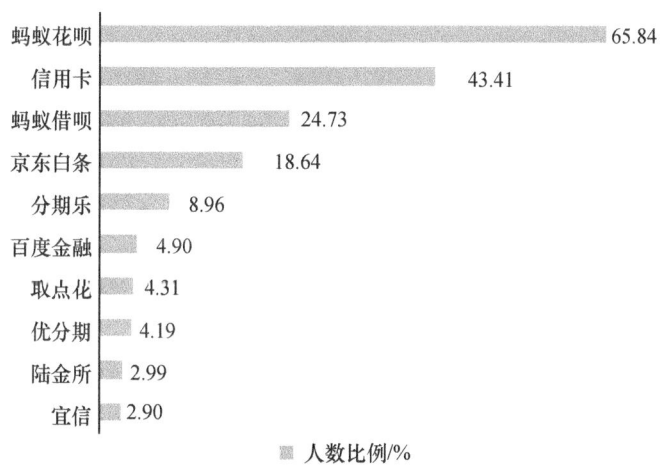

图3.9 大学生使用消费金融人数占比

6. 整体消费水平偏低,消费能力有限

大学生在不同消费品类上的消费金额整体偏低。表3.4是2018年我国大学生月均消费情况,一日三餐作为大学生日常花销的"重头戏",超过80%的大学生在一日三餐的消费金额低于1200元,另外零食饮料消费区间主要集中在200元以内,服装配饰的消费主要集中在200元以内,人际交往、生活用品、化妆品、休闲娱乐、教育培训等消费则主要集中在100元以内[18]。

表3.4 2018年我国大学生月均消费情况

消费类型	月均消费区间/元	人数比例/%
一日三餐	0~600	34.34
	601~1200	47.14
	1201~1800	11.83
	1801~2400	3.28
	2400以上	3.41
零食饮料	0~100	37.84
	101~200	33.40
	201~300	15.98
	301~400	5.63
	400以上	7.15
服装配饰	0~200	57.66
	201~400	28.02
	401~600	8.70
	601~800	2.58
	800以上	3.04
人际交往	0~100	49.68
	101~200	23.95
	201~300	11.91
	301~400	6.45
	401~500	2.95
	500以上	5.06
生活用品	0~100	55.15
	101~200	27.31
	201~300	9.90
	301~400	3.81
	400以上	3.83
化妆品	0	19.98
	1~100	46.92
	101~200	18.34
	201~300	8.39
	301~400	3.38
	400以上	2.99

续表

消费类型	月均消费区间/元	人数比例/%
休闲娱乐	0~100	55.02
	101~200	27.61
	201~300	10.36
	301~400	3.64
	400以上	3.37
教育培训	0	25.87
	1~100	39.57
	101~200	13.05
	201~300	7.27
	301~400	3.76
	401~500	2.52
	500以上	7.96

调查数据显示,约80%的大学生月均消费水平低于1500元。图3.10是2018年我国大学生月均消费金额情况,月均消费水平在0~1000元的大学生人数占比36.70%,月均消费水平在1001~1500元的大学生人数占比43.29%,月均消费水平在1501~2000元的大学生人数占比12.24%,月均消费水平在2000元以上的大学生仅有7.77%。可见,我国大学生的整体消费水平偏低,这与大学生经济不独立、经济基础相对薄弱有很大的关系[18]。

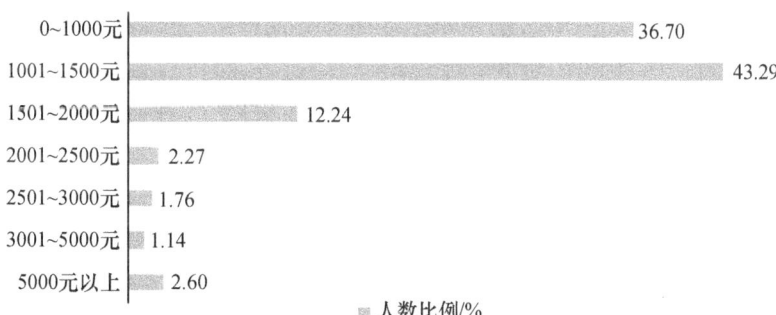

图3.10 大学生月均消费金额人数占比

7. 整体消费理念偏理性、实用

商品价格、实际需要、性价比、商品口碑、健康、商品外观、流行趋势、品牌、网红推荐、环保、明星代言等都是大学生在消费过程中需要考虑的因素,但是与商品外观、流行趋势、品牌、网红推荐、环保、明星代言等因素相比,大学生更关注商品价格、个人需要、性价比和商品口碑等因素。调查结果显示,不同的大学生持有不同的消费观念,74.82%的大学生认同有计划的消费,46.98%的大学生坚持能省则省,24.30%的大学生选择"喜欢就买",持有"别人有的我要有"和"别人没有的我要有"等个性化消费理念的大学生人数占比分别为4.33%和3.10%,可见大学生的消费理念整体偏理性和实用[18]。

当缺钱的时候,大学生会选择不同的解决办法,调查结果显示,面临缺钱的状态,大学生选择节省开支的人数较多。图3.11是面临缺钱时选择不同办法的人数占比情况,超过40%的大学生选择节衣缩食,27.89%的大学生会想办法赚钱,16.21%的大学生选择求助父母,5.75%的大学生选择消费信贷,4.92%的大学生选择向朋友借钱。可见,相比于赚钱意识,节省意识在大学生的消费观念中占有更重要的分量,两种消费心态的不均衡也促使大学生群体整体的消费观念更趋于理性[18]。

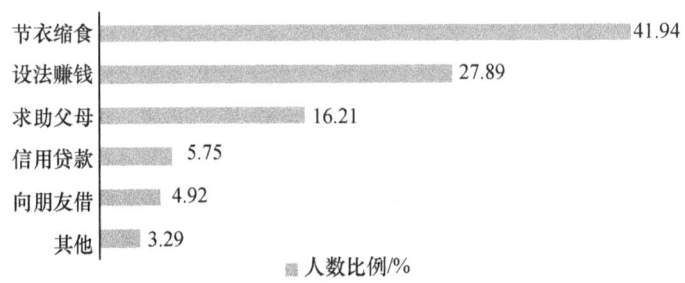

图 3.11　大学生在缺钱时选择不同办法的人数占比

调查数据显示,超过半数的大学生使用过分期产品,近40%的大学生在互联网金融平台申请过分期,近8%的大学生使用过现金贷产品,而且男生的提前消费意识高于女生[20]。可见大学生有一定的自主决策权,对于超前消费的态度整体处于相对理性的状态。

8. 非理性网络消费行为普遍存在

虽然大学生整体网络消费偏理性与实用,但是部分大学生也存在冲动的非理性消费行为。"购物狂""购物癖""剁手党""月光族"在大学生群体中并非罕见。2019年天猫全球狂欢节开场14秒销售额破10亿元,1分36秒成交额破100亿元,1小时3分59秒成交额达1000亿元,据天猫业内人士反馈,作为品牌商家的标配,直播成为品牌新的增长点,超过一半的天猫商家通过直播拉动销售增长。在校大学生纷纷加入疯狂的网购大军,每年"双十一"成为很多大学生熬夜"血拼"的狂欢节,一些学生"剁手"狂欢后发现自己买的商品很多并不是十分必要,冲动与非理性消费现象非常普遍。由于大学生经济基础有限,一些大学生甚至在过度消费后不惜选择"铤而走险",陷入网贷旋涡而无法自拔。

(1) 从众性消费

在商家铺天盖地的广告宣传、琳琅满目的商品诱惑、无孔不入的消费暗示下,部分大学生容易产生从众性消费行为,他们经不起"排队"的诱惑,越热闹越消费,"不管有用没用,先囤货""不买就亏大了"等非理性想法成为很多大学生的消费理念,盲目跟风、疯狂网购的随大流行为使得"钱袋"被掏空,很多大学生消费过后表示"买了那么多,有用的没多少"。

(2) 炫耀性消费

在攀比心理作用下,"面子消费"行为在大学生群体当中十分普遍,"别人有的我也要有""别人没有的我也要有"的想法让一些大学生产生盲目的攀比心,购物不是因为需要而是因为赶时髦,买名牌不是因为品质好而是因为显阔气,高档电子产品、化妆品、高档服饰成为一些大学生炫耀的资本,"越贵越买"成为一些大学生的消费认知,炒鞋风、网红控等网络消费现象盛行,消费"白领化"与一些大学生的消费行为十分贴切。

(3) 崇拜性消费

"只要是舶来品都是好的""国货不如洋货好",盲目崇拜洋货的消费心态让一些大学生对价格高昂的洋货喜爱有加。明星的光环效应可以俘获很多大学生的"芳心",某明星用过或代言的品牌成为一些大学生趋之若鹜的消费对象。当下随着抖音、直播等新媒体平台的崛起,带货达人、网络红人应运而生,如淘宝直播的网红名人"淘女郎"薇娅和"口红一哥"李佳琦等,他们在淘宝直播平台上代言使用过的商品,不是涨价就是断货,每天晚上数以百万计的看客通过手机看他们直播,只为买买买。

二、大学生网络消费行为的原因

1. 市场发展促进大学生网络消费行为

纵观我国网络购物的发展历程,可以发现[1-4,7-8,21-27]:2006 年 3G 时代临近,手机成为上网设备中的新兴成员,我国手机上网用户规模为 0.17 亿人。2008 年,网络购物市场增长趋势明显,网络购物用户达 0.74 亿人,较上年增长 60%,与网络购物密切关联的网络支付发展十分迅速,使用网络支付的用户规模为 0.52 亿人,有力地推动了网络购物的发展。2009 年,企业纷纷进驻 C2C 或自建 B2C 平台进行网络营销,以摆脱金融危机的困境,这在客观上促进了网络购物的发展。同时网民的网络购物观念越发普及,网上支付成为用户规模增长最快的应用,75% 的网络购物用户使用网上支付,大大推动了网络购物的发展。2010 年网络购物用户年增长率为 48.6%,是用户规模增幅最大的应用,国家相关监管政策和实施细则的出台宣告网上支付自由生长的状态彻底结束,2010年成为网上支付转折年。2011年,品牌企业和平台商城(B2C)已经成为市场的绝对主体,服务的深化和频繁促销带动了网络购物用户规模的稳健增长;同时,中国人民银行发放的《支付业务许可证》提升了主要第三方支付服务企业的行业地位,促进了网络购物的持续发展。2012年,网络购物用户规模保持快速增长,市场结构加速优化,主要的B2C电商企业之间呈现竞合态势,随着我国网络零售市场的迅猛发展,网上消费带动了网上支付的繁荣。2013年,电商企业开始从单纯的价格战转向服务战,移动支付、比价搜索等为网络购物创造更便利的条件,新《消费者权益保护法》纳入网络购物中的个人信息保护、责任追溯等内容,网络零售市场的立法进程加快,消费者网络购物的体验明显提升。2014年,我国网络购物市场发展呈现普及化、全球化、移动化趋势,京东、聚美优品、阿里巴巴上市,网络零售市场格局趋向稳定,淘宝、天猫、京东的品牌渗透率遥遥领先。2015年,政府有关部门出台《"互联网+流通"行动计划》《关于积极推进"互联网+"行动的指导意见》等多项政策,有效推动了电子商务模式下大消费格局的构建,网络零售市场快速发展,尤其是跨境电商成为网络零售市场新的增长点,网络零售平台引入全世界超过25个国家和地区的5000多个海外知名品牌全进口品类。2016年,我国网络购物市场进入成熟期,B2C交易规模占比持续增长,娱乐化、体验化、内容化的网红、直播等新模式带动网络购物快速发展,VR、AR等新技术带来全新的购物体验,网络电商生态呈现多样化特点,跨境电商不断走向规范化。2017年10月,《电子商务法》草案提交全国人大常委会二次审议,《促进电子商务发展三年行动实施方案(2016—2018)》《网络零售标准化建设工作指引》等行业政策标准先后出台,电子商务领域法治进程加快,消费品质提升,绿色和二手电商快速发展,服务型网络消费快速增长,电商企业加速占领线下市场,网络零售继续保持高速增长。2018年,《电子商务法》正式颁布,对促进网络消费行业健康发展具有重大意义,消费升级拉动行业增长,各大电商门店加速落地,人工智能、大数据、区域链等技术应用日趋深化,拼购、小程序电商、内容电商等新模式交易规模呈指数增长,供需两端"双升级"成为新一轮增长驱动力。2019年上半年,网络购物市场保持较快发展,以中小城市和农村地区为代表的下沉市场拓宽网络消费空间,"无票免税"等利好政策推动跨境电商持续发展,直播带货、工厂电商、社区零售等新模式成为网络消费的新亮点,促进网络消费蓬勃发展。

  根据CNNIC调查数据[1-2,7-8],近10年我国网络购物用户规模持续增长。图3.12是2010—2019年我国网络购物用户和手机网络购物用户规模数据。从图中数据可以发现:一是用户规模持续增长,2010年我国网络购物用户规模为1.61亿人,手机网络购物用户仅有0.15亿人,2019年上半年,我国网络购物用户规模达 6.39 亿人,手机网络购物用户规模达 6.22 亿人,每年网络购物用户和手机网络购物用户数量均呈上升趋势。二是网络购物用户规模增长速度温和,手机网络购物用户规模增长迅猛,2010 年手机网络购物用户只有 0.15 亿人,占所有网络购物用户规模的 9.32%;尤其是 2013 年,手机网络购物用户数量增长明显,手机网络购物用户规模占所有网络购物用户的 47.4%;2019 年上半年,手机网络购物用户占所有网络购物用户规模的 97.34%,可见手机网络购物已经成为当下网民网络购物的最常用手段。

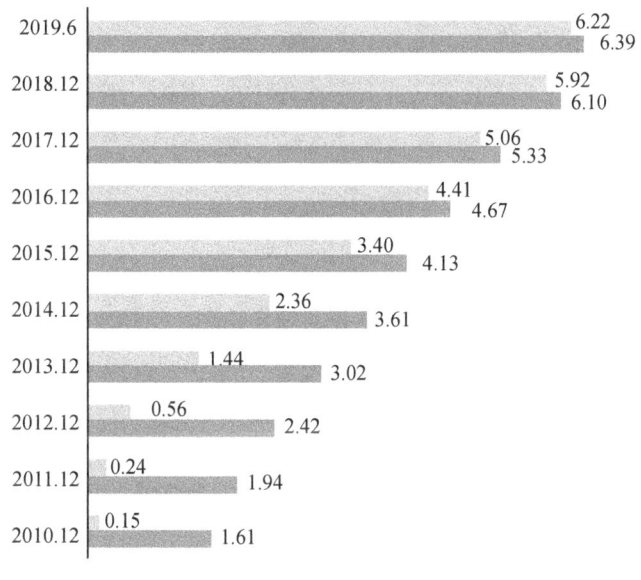

图 3.12　2010—2019 年我国网络购物和手机网络购物用户规模

网络购物市场的繁荣发展推动了大学生网络消费行为,大学生作为最有活力的网络用户之一,其网络消费行为必然受到国内整体网络消费市场的影响。

2. 经济基础决定大学生网络消费水平

有调查结果显示,经济来源完全依靠家庭供给的大学生占 37.97%,经济上能完全独立的大学生人数只有 4.42%。图 3.13 是 2018 年我国大学生开支来源人数占比情况,从调查数据可以看出,89.63% 大学生的开支来源中有家庭供给,可见家庭供给是大学生开支的主要来源。目前大学生的经济来源呈现多样化趋势,除了校外兼职、奖助学金、勤工俭学、助学贷款等经济来源,自主赚钱的经济来源方式越来越受大学生群体的喜爱,如通过自媒体渠道,借助网红、主播等身份的自由兼职,以网络为载体自主经营的网店、微商、代购的个体经营等。调查结果中,我国大学生家庭月均生活费供给金额为 1325.5 元,中低水平的经济供给、相对薄弱的经济基础直接影响了大学生的购物消费水平,很多大学生选择网络消费的最主要原因是网络购物价格比实体店价格更低,尤其是以价格优势为主导的某些网络购物平台,如淘宝,成为大学生使用最普遍的网络购物渠道之一[18]。

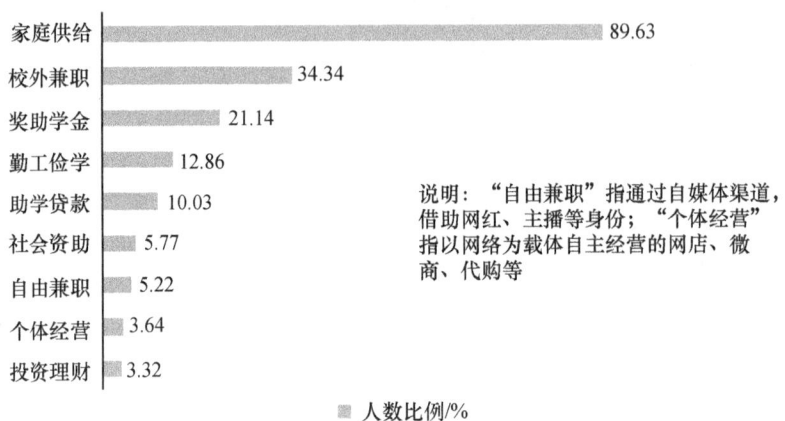

图 3.13　2018 年我国大学生开支来源人数占比

3. 社会文化影响大学生网络消费观念

(1) 消费主义盛行推动大学生网络消费

市场经济体制的确立在一定程度上为消费主义提供了盛行的温床,一些网络媒体把获取经济收益放在首位,全然不顾社会影响,绞尽脑汁把人们的注意力最大限度地转化为经济收益,政治、艺术、教育、学术等领域纷纷走向市场,变成迎合消费者需求、明码标价的商品。中国人民银行发布的《2019 年第三季度支付体系运行总体情况》显示,截至 2019 年第三季度,信用卡逾期半年未偿信贷总额达 919.16 亿元。2019 年 6 月 18 日,苏宁金融研究院抽取了苏宁金融 400 万个 1980—1999 年出生的贷款申请人作为样本进行分析发现,90 后平均贷款金额为 7.09 万元,信用卡平均使用额度为 3.36 万元,额度平均使用率达 65.6%,平均每月应还贷款 2800 元。由蚂蚁金服和富达国际联合发布的《2018 中国养老前景调查报告》显示,18~34 岁群体的月均储蓄金额为 1339 元,可以说,现在的年轻人存钱能力让人堪忧。

月月光的"贫穷"与巨额网贷逾期的背后,是消费主义盛行在作祟。网络上、现实中,"你舍不得买那些漂亮、好看、具有品质感的东西,是因为潜意识认为自己配不上它们""没有一个姑娘会因为'买买买'变穷,尤其是漂亮的姑娘""聪明的女人,舍得为自己花钱""心情三分靠打拼,七分靠 shopping""娶老婆,一定要娶会花钱的那种""不给你买 YSL 的男孩,不配说爱你",各种"引诱"消费者购物冲动的宣传无孔不入,无形之中将随心所欲的消费观传递给大学生,甚至根植于大学生的脑海深处,一些商家在用"毒"广告煽动大学生疯狂消费的同时,给消费冠以身份、地位、品位、情商、真爱的"帽子",使劲花、放心花,即使分期、即使借贷也要"买买买"。蚂蚁花呗、蚂蚁借呗、微粒贷、京东白条等网络借贷平台仿佛成了一些大学生心安理得进行过度消费的"保护伞"和"救命药"。

(2)物质主义煽动大学生网络消费之火

2013年,法国市场调查公司益普索(Ipsos)针对全球20个国家发布了一项名为"全球物质主义、理财和家庭态度"的调查,结果显示,全球平均34%的人支持将物质等同于成功,美国和日本近80%的人对此观点持反对态度,瑞典93%的人持反对态度,而中国人对于物质的热衷度高居榜首,71%的国人认可以拥有物质的多少衡量个人成功,这一结果引发了围观与热议。

有学者研究表明,强调物质财富重要性的物质主义既是个体不安全感的心理表现,也是个体应对焦虑与压力的一种策略,物质主义会影响个体的人际关系和主观幸福感,物质主义水平高的人具有更强的自我中心和自私水平,普遍对生活较不满意,不快乐体验时间更长,负面情感更多,对社会环境的关注降低。南京大学王春晓等在系统梳理了物质主义、地位焦虑和炫耀性消费前期研究成果的基础上,通过实证研究发现,当代国人的物质主义倾向普遍较高,个体的地位焦虑作为物质主义的前因,其水平越高,个体物质主义价值观形成的倾向越大,炫耀性消费是物质主义倾向的直接表现,并且物质主义在地位焦虑与炫耀性消费之间起中介作用[28]。丁倩等基于生命历程范式,研究了父母物质主义与大学生网络强迫性购物的关系,研究结果表明,父母物质主义对大学生网络强迫性购物具有显著的正向预测作用[29]。

开着玛莎拉蒂、兰博基尼,背着LV、爱马仕包包,故意摆上一地奢侈品假装摔出车外的"炫富摔"现象在网上一度刮起一阵炫富风潮,微博上各种炫富行为横行,到处充斥着对金钱的崇拜,"读书太没意思了,我也要去整容泡吧钓富二代""好羡慕温婉啊,我也想要GUCCI,可我居然还要上学""摇妹有钱爱怎么花怎么花,穷人才要读书",直播平台上有主播撕书并宣称"读书没用,大学生也得给他们打工"。2019年12月20日,服刑5年的郭美美发了一个道歉视频。暂且不论她是否有真正的悔改之心,但是整容后的她在微博上更名炫富,各种"晒"自己奢华的生活,重新坐拥数十万粉丝,奢靡之风不减当年。像郭美美这样的行为已经是现在网络中的司空见惯的现象。正是一些不正之风搞得网络环境乌烟瘴气,在这样的氛围中,"读书无用论""金钱万能论""有钱能使鬼推磨""拜物不可耻"等思想在大学生群体中不知不觉弥漫开来,一些大学生过度网络消费的背后是比谁有钱、比谁阔气、比谁有面的炫耀和攀比心。

(3)网络泛娱乐化诱导大学生网络消费

中南大学黄飞基于畅体验理论,依托问卷调查和深度访谈,通过结构方程的方法,提出了网络购物、信息获取、休闲娱乐、网络沟通等大学生网络消费偏好形成因素的模型,其中,大学生的好奇心和娱乐倾向对休闲娱乐消费的影响程度更大[30]。通过对大学生使用微博关注的话题进行统计发现,无论男生还是女生,大学生微博关注最多的对象是明星,其次是动漫,除此之外,男大学生关注较多的话题还有网红、游戏、汽车、教育、体育等,女大学生关注较多的话题还有美容、美食、网红、教育、文学等[18]。有一种网络"怪象":一位著名科学家的去世,都不如一位歌星、演员、网络红人更能引起大众和媒体的关注,一些大学生对民族英雄不"感冒",他们的偶像俨然是天王影后、男神女神、"小鲜肉"、网红。传统节日在西方节日面前黯然失色,明星的一点风吹草动便能引发舆论风暴,一档娱乐节目能让无数大学生津津乐道,一款游戏能吸引大学生不分昼夜不分场合沉溺其中。以湖南卫视娱乐节目"超级女声"出道的李宇春在"中国改革开放30周年风云人物"评选活动中位居三甲,2010年明星范冰冰获得"国家精神造就者"荣誉,种种现象都显示了自带光环的明星具有怎样巨大的网络影响力。泛娱乐化的网络环境让很多大学生掉入一个思想"陷阱":不比高尚情操、美好品德、超凡境界,要比就比名气、金钱和个性,无形之中刺激了大学生的网络消费行为。

4. 心理因素助长大学生网络消费动机

在大学生网络消费方面能发挥作用的心理因素主要包括从众心理、攀比心理、求廉心理、崇拜心理等,这些心理在大学生的意识层面,尤其是消费意识方面发挥了十分关键的作用。

从众心理是指个人受到外界人群行为的影响,在认识、判断、知觉、行为等方面表现出与大多数人一致的社会心理活动。因为多数消费者存在网络购物大促销期间的疯狂购买行为,大学生的从众心理推动他们表现出相似的行为。

攀比心理是指脱离自己实际收入水平而盲目攀高的消费心理。正常的消费者以经济收入判断自身的消费层次,而具有攀比心理的消费者则不顾自身的消费能力高低,在广告宣传的煽动和"面子"维护的诱导下,过度消费、超前消费甚至负债消费。

求廉心理的主要特征是相比于商品的实用性,消费者更在意商品的价格,更愿意买价格低廉的商品。因此当消费者面对让利、打折、降价、满返、赠礼等五花八门的促销活动时,更容易产生购买行为。本身经济基础有限的大学生更是求廉心切,网络购物为大学生的中低水平消费行为提供了无限可能。

崇拜心理是指个体对自身以及外界事物所具有的高度尊重、钦佩与信任。在消费方面,由于消费者对名牌的崇拜、对洋货的崇拜、对明星的崇拜、对网红的崇拜等心理,在"名牌效应""光环效应"的暗中推动下,容易激发消费者在崇拜对象出现时的消费行为,以满足内心的情感需求。

根据萨勒的"心理账户"理论,个体对同等金额的不同渠道的金钱有不同的消费倾向,非辛勤劳动所得和辛勤劳动所得的相同金钱在个体的心理账户中具有不同的意义[31]。随着网络支付平台的崛起,以微信钱包、QQ钱包、支付宝等为代表的网络账户金额越来越大,微信红包、QQ红包、支付宝红包成为当下网络中一种非常普遍的金钱流通方式。通过抢红包得到的50元与自己打工半天赚得的50元相比,前者抵抗消费诱惑的能力较弱,被迅速花掉的可能性更大,这也就是为何会有"手机里的钱不知道花哪了""微信零钱里的钱怎么花得那么快"的感觉。

三、大学生网络消费行为的影响

网络消费具有便捷迅速、资源庞大、价格优惠、活动丰富等优势,为大学生的学习、工作、生活的方方面面提供了有利的条件,尤其是对于经济能力相对较弱的大学生而言,网络购物可以在一定程度上解决这些大学生的生活负担、情感顾虑和心理担忧。关于网络消费行为对大学生的积极影响有很多,这里不再一一详述,本章节重点分析大学生网络消费行为带来的负面影响,以期为更好地引导大学生进行网络消费提供参考。

1. 影响大学生的学习生活

某些有过度消费、超前消费、负债消费行为的大学生,在满足自己非理性购买欲望的同时也给家庭带来了非常沉重甚至无法承担的经济负担。因为过高的消费需求与相对薄弱的经济基础不匹配,一些大学生选择网络贷款。有的贷款机构专门做大学生买卖,这些网络贷款机构将赚钱的矛头直接指向了经济基础薄弱、消费欲望强烈、虚荣心较盛、社会经验不足、心理承受能力较弱的大学生群体,通过超低门槛的放贷"引羊入室",随后就是高额"砍头息"和高额"逾期费"的连环陷阱,一环套一环。在不知不觉中大学生已成为案上鱼肉,部分大学生因无力承担债务而只能让父母买单,给家庭带来沉重的经济负担,还有部分大学生为了还债而陷入新的陷阱,甚至影响正常的学习生活。

案例1

2015年,20岁的大二女生史某为了买一部数千元的iPhone 6手机,向网上借贷平台借钱。为了还上最初的欠款,她到处找网络平台借钱,拆东墙补西墙,欠款不但没还清,反而越滚越大,最终欠下了20多万元。史某的妈妈每天都被数十个催款电话"轰炸",家人因为担心被泼油漆而不敢在家住,为了还款,家里积蓄被掏空,因为只有一个女儿,她的父亲只能卖掉一套房子来还清女儿的欠款。

案例2

2015年10月,大一刚入学没多久,小张通过"趣分期"的手机App申请贷款

6000元,分24期购买了一部6588元的iPhone 6手机,每月仅需还款几百元就能买到高档产品,小张的购买欲望逐渐膨胀。2015年11月,他先后在"爱学贷"和"分期乐"的网贷平台上申请了近2万元。拥有各种高档电子产品,总是最先使用新款高档手机的小张成了同学们眼里的"大款"。后来,每月2000元的生活费已经远远不够还贷的小张开始拆东墙补西墙,又从其他网贷平台继续贷款,2016年上半年,小张已从20多个网贷平台上贷款总计6万多元,这其中只有2万多元是实际消费,其余欠款都是利息。无奈之下小张只好跟父母坦白,2016年6月,小张的父母一次性清偿了债务。2016年10月,小张为帮朋友投资又从之前的网贷平台借款1万多元,朋友借的钱没及时还上,小张再次从七八家小的借贷公司借款3万元。通过中介小张借了1万元高利贷,还款时间为6个月,每月还款4000元。2017年5月,要账公司给小张父母发了短信要钱,父母再次帮小张一次性还完所有欠款约10万元。后来,小张通过"速速贷"和"同信缘"两家公司,分别贷款3600元和2500元,此后一发不可收拾,仅在这两个平台上总计贷款20余次,金额超过7万元,加上在各种小贷公司借款达11万余元。

2. 影响大学生的身心健康

过度的物质购买欲望下,容易滋生大学生的虚荣心,严重的甚至发展为购物狂。为了满足自己内心的物质欲望,一些大学生选择"门槛低、无抵押、免担保、放款快"的网络贷款,这些网络贷款对涉世未深的大学生来说极具诱惑,有些大学生为了所谓的"面子",不惜选择卖卵、裸贷、试药、援交,以损害自身健康、声誉、生命为代价,承受着难以想象的心理压力,还有些大学生因为无力承担巨大压力最终选择结束自己的生命。

2016年,网上曝光"借贷宝"的10G裸条,花50~100元就能获得167名女大学生的裸照、视频、个人身份信息以及亲友联系方式,这个事件让"校园裸贷"话题一度走向风口浪尖。陷入裸贷的大学生往往被要求手持身份证拍裸照和不雅视频,并上传身份证及亲友信息,只要具备这些"担保"就可以"轻而易举"地获得"信用贷款"。如果借贷大学生不如期偿还贷款,就会被要挟,还有无休止的轮番骚扰。

2003年,国家卫计委就明文禁止任何形式的商业化赠卵和供卵行为。但是一些不法中介宣称"卖卵是快速安全的赚钱渠道",甚至冠以"献爱心"的名义,让一些女大学生趋之若鹜。黑中介口中所说的"就像被蚊子叮一下""没有任何副作用""不影响正常生活"的取卵手术实际上对大学生身体的伤害非常大,注射药物可能导致腹痛、呕吐、水肿、腹水、血栓、肝肾功能受损,甚至危及生命,取卵过程中有可能造成子宫、卵巢及周围盆腔结构的损伤,严重的可能导致一辈子都无法生育。

我国法律规定,任何药物在申请上市前都要进行临床实验,确认安全有效后方能正式上市,身体健康的人群参加的第一期临床试验危险性最大,某些人为了赚取生活费而参加药物测试。部分大学生因为缺钱而"刀尖舔血",沦为"试药族",甚至有些大学生没有顾忌3个月只能试吃一种药的规定,成为专职试药人,身体健康备受煎熬[32]。

案例3

杭州一名大二女生,为了买苹果手机,到黑市卖卵差点丢了性命。据浙江大学医学院附属第一医院妇科医生介绍,这名女生就医时肚子里有大量腹水,还有胸水,呼吸很痛,整个肚子像足月孕妇,卵巢比正常女性卵巢大10厘米。事后了解到,该女生是在学校公厕里看到"捐卵子志愿者"的小广告,为高额酬金所打动,加了对方QQ号后被告知:"卖卵子对身体没有伤害,只需要每天打打针,半个月后取出卵子,就可以赚一两万元。"

案例4

2016年,在聊城某高校就读的大学生张某,通过借贷宝平台向人借款5000元,双方约定借款期限一个月,利息20%,借贷的条件是借贷人拍摄自己的裸照,身份证要摆在胸前和其他部位,张某拍摄了一段长达5分钟的视频交给对方。债主早就声明,在最后的借款限期内如果不还钱,那自拍的裸体视频和裸照会连带着她的个人信息被公之于众。面对债主的骚扰不休和步步紧逼,无奈的她只能任其摆布。

案例5

2014年6月,武汉的一名大二学生小刘,上网搜索兼职信息时发现一家大医院招募临床实验志愿者,又称"试药人",短短几天就能挣到1000元的诱惑让小刘眼前一亮,他做过2次试药实验。试药最让人痛苦的就是多次抽血,每次服药后就要定时抽血,虽然总量不多,但是次数至少要10次,他感觉每次试药后的胳膊都会酸痛几天,有时还感觉脑袋昏昏沉沉。

案例6

2019年1月30日凌晨3:16,来自河北某学院的大三学生李某,在朋友圈发了如下信息:"活着真的很累,就让我这么安安静静地死了吧,对不起我的家人,我撑不下去了,累了。"3:20左右,父亲收到李某的一条短信:"对不起,爸,我累了,撑不下去了,我早就感觉到会有这一天,活着真的很烦很累,你醒来时我可能已经死了,我只希望你别太难过,死对我是一种解脱……"当天,在学校附近的一家宾馆内发现李某死亡。据家人反映,李某最初通过网络贷款几千元,后来分期贷款,金额有几百元的,也有1000多元的,越借越多,利滚利到最后达5万多元。2017年10月底,催款电话打到了家里,李某的母亲至少接到过二三十个催债电话,即使李某去世了,催债人员仍向他的家人不停催债。

3. 影响大学生的道德品质

网络消费在满足大学生不断膨胀的物质欲望的同时,也诱发了一些道德层面的问题,一些大学生为了满足自己的虚荣心,不惜向亲朋好友撒谎要钱,还有些大学生为了满足对物质的需求不惜出卖自己的身体"赚钱",道德品质在金钱诱惑和欲壑难平中逐渐沦丧。

案例 7

2017 年,郑州一名女大学生,每月都要花费两三千元从网上购买化妆品、服装、首饰等。由于父母给的生活费远远满足不了自己的网络购物需求,这名大学生就对父母撒谎,谎称自己身体有问题,需要到医院进行检查,还让医生帮她开抑郁证明以继续向父母索要钱财。后经了解,该学生喜欢上了一名男同学,为了吸引对方的注意而疯狂网络购物,打扮自己。

案例 8

2017 年 12 月,豆瓣上一个自称大三女生的网友爆料,自己迷上了彩妆和香水,每月 1500 元的生活费根本满足不了自己想买名牌化妆品的欲望,于是开始网上贷款,欠了 4 万多。因来自家庭的经济能力有限,无力偿还贷款的她选择做援交赚钱,2 个月挣了 1 万多元。她自己表示做了援交有点后悔,但是又觉得刺激,有了钱竟然还想着继续买。

4. 影响大学生的法律意识

在物质刺激的诱惑下,一些大学生为了满足自己的欲望,不惜触犯法律的底线,走上了违法犯罪的道路。还有部分大学生由于缺乏法律安全意识,掉进网络陷阱,被拉进传销、贩黄、运毒的魔窟而影响终身。

案例 9

2018 年,长春某品牌大学一名大四学生王某,陷入校园贷,欠款 3 万元,为了还贷,她加了很多卖血、试药、公关等方面的 QQ 群。10 月 27 日,她在 QQ 上认识了网友"木风",对方跟她说"去一趟昆明,能拿到 1~3 万元,多带多得。"10 月 29 日,她从长春辗转来到云南,踏上了运毒的不归路。11 月 2 日,王某运毒 700 克被警务人员查获。2019 年 5 月 14 日,年仅 21 岁的王某因犯运输毒品罪,被判处有期徒刑 15 年。

案例 10

2019 年 3 月 8 日,只差一年毕业的大三学生汪某被判处有期徒刑十年九个月。2017 年,汪某在一次偶然中使用了京东白条,后来他发现京东白条无须本人实名认证,不需要绑定银行卡,使用别人的信息就可以注册并赊账消费。觉得"好玩"的汪某伙同朋友冒用他人身份疯狂注册京东账号进行网购,然后变卖套现。汪某等 9 人因诈骗京东公司 110 万元被以诈骗罪判处有期徒刑 10 年 9 个月至 1 年 2 个月不等,这 9 人中有 4 名是大学生。

案例 11

2019年7月，休学炒鞋的22岁大学生"刘饼干"欠债1000万元后跑路，炒鞋热再度被推上舆论的风口浪尖。限量版球鞋，量越少转手翻倍越多，发售价1499元的Jordan球鞋转手涨到12000元，潮牌Yeezy的一款鞋子最高成交价格是1700万美元。他先从客户手里收钱，去供货商处大批量拿货后再发货给客户，由于供货问题，他拆东墙补西墙，用远高于预售价格的钱去收购市场上的鞋补发给客户，不经意间资金链空缺被掏出1000万元。

四、大学生网络消费行为的引导

2013年余额宝的横空出世点燃了互联网金融圈。2018年，国务院总理李克强在政府工作报告中指出："强化金融监管统筹协调，健全对影子银行、互联网金融、金融控股公司等监管，进一步完善金融监管。"互联网金融连续五年被写入政府工作报告。从2014年的"促进互联网金融健康发展"到2016年的"规范发展互联网金融"，到2017年的"高度警惕累积风险"，再到2018年的"健全互联网金融监管"，显示了互联网金融行业五年来经历的从高速发展到规范整治的历程，也反映了政府对互联网金融行业发展的态度。针对P2P网贷平台风险频发，公安部将缉捕涉嫌犯罪的网贷平台嫌疑人列为"猎狐行动"的首要任务，自2018年6月以来，各地公安机关加大侦查办案力度，截至2019年2月，380余个涉嫌非法集资犯罪的网贷平台被立案侦查。在国家治理规范化及整个社会层面认识清晰化的大背景下，互联网环境越发清朗，但仍存在一定的网络风险，提高大学生自身的风险防范意识和甄别能力是引导其网络消费行为的重中之重。

1. 强化教育引导，促进大学生理性消费

（1）消费教育

2016年11月，团中央学校部副部长李骥在"信青春·守未来——送金融知识进校园"启动仪式上指出，要提高大学生理性消费、理财意识和自我保护能力，有效遏制校园金融诈骗。人民日报评论员李洪兴指出，作为网络时代的新兴产物，校园贷对于资金积累和经济来源相对吃力的大学生而言，在大学生创新创业、借贷助学方面发挥了一定的积极作用，有统计发现，大学生贷款的40%用于消费，40%用于创业，其余20%用于助学。但是涉世未深的大学生面对校园贷容易变成"月光族""吃土族"，个别极端的大学生因为无法偿还网贷而轻生，潇洒贷款消费的同时容易引发系列问题。面对校园贷，应该引导大学生增强风险意识，了解高利息与高风险的并存性，厘清刚性需求与膨胀需求的区别，绷紧风险防控与理性消费的弦，提高情商与财商[33]。高校可以利用第一课堂、第二课堂、网络课堂等对大学生开展消费教育，尤其要开展大学生非理性网络消费的警示教育,用生动的现实案例引导大学生深刻认识理性消费的重要性,引导大学生在疯狂的网购狂潮中立住脚、收住心,消费行为一定要建立在自己能力范围内,不能盲目地进行超前消费,以免陷入网贷陷阱,后悔莫及。

(2) 道德教育

俗话说"人无信不立",无论是在现实中还是在网上,都需要诚信为先,即使是在网上,每一次金融活动和贷款记录都会影响自身的征信体系,因为冲动消费而影响个人信用得不偿失。同时,加强教育引导,提高大学生自尊和自爱水平,不能因为一时的物质欲望,做一些与大学生身份不相符的事情。通过主题班会、文化活动、公益实践等方式加强传统文化教育,加大教育宣传力度,引导大学生树立诚信意识和自尊意识,提升大学生身心健康水平和道德素养。

(3) 法律教育

向大学生普及网络消费相关的法律法规,通过展示发生在高校大学生身上的经典实例,提高大学生的网络安全意识,注重保护个人隐私,引导大学生深刻认识"天上不会掉馅饼"的"真理",提高对不良网络宣传和不法网络机构的警惕意识和甄别能力,同时引导大学生深刻认识网络的特殊性,不要认为网络消费是法外之地,钻漏洞的投机取巧行为只会害人害己。

2. 加强信息获取,降低大学生感知风险

邵继红等基于信息不对称理论,研究了感知风险、信息不对称、信息暴露程度、信息获取和决策能力这四个因素对大学生网络消费的影响,研究结果发现,大学生获取信息的能力越强,商品信息暴露程度越大,大学生网络消费行为越多,信息不对称对大学生的影响越小,网络购物行为中因为无法预料结果而产生不确定性的感知风险就越低,可见信息不对称明显影响大学生的网络消费行为[34]。因此,提高大学生信息获取的能力,尽可能减小大学生与商品信息的不对称性,降低虚假信息的干扰,提高大学生对商品信息的辨识度,是促进大学生进行绿色网络消费的有效手段。

3. 改善校园环境,净化大学生学习氛围

面对不良网络宣传,高校校园要做好"堵"。一方面坚决抵制不良消费、兼职、赞助等广告宣传进校园,对于公厕、教室、浴室、超市等校园内相对比较隐蔽、人数比较集中的场所张贴的广告要及时清理。同时,高校相关部门应加大网络监管力度,尤其是校园主流媒体、校园网、校园贴吧等网络阵地,一旦发现不良网络信息,应该从源头上加以管制,防止不良信息的扩散传播。另一方面,积极号召广大学生坚决抵制不良宣传,不仅要防范校外的不良信息渗透,也要注意防范容易放松警惕的同学和朋友等同龄群体,他们中的一些人打着友谊的旗号做起了"中介",共同筑起防范网络消费风险的坚实"防护墙"。除了"堵",高校还要做好"疏",毕竟互联网时代下大学生的网络消费行为不能凭空消失,规模只会越来越庞大,高校可以引入正规金融企业进校园,为大学生提供可靠安全的金融服务。

4. 丰富文化活动,提升大学生生活情趣

线下,以校园文化活动为载体,通过开展形式新颖、内容丰富的文艺、体育、社会实践和社团活动等丰富大学生的业余生活,尤其是在大学生网络消费方面,可以开展相关主题的辩论赛、征文比赛、朗诵比赛、座谈会、沙龙等活动,引导更多的大学生接触更多的网络安全知识和传统文化知识。线上,主动占领网络思想教育高地,以大学生喜闻乐见的网络形式将健康的消费理念传达到每个大学生的心坎里,依托网络载体强大的互动性,从学生的角度融入他们,跟他们共同探讨网络消费的相关内容。线上与线下深度融合,传统媒体与新媒体有机结合,多措并举促进大学生培养良好的业余爱好、积极的审美内涵和健康的网络行为。

第四章
大学生网络社交行为及引导

当前网络的一大重要角色就是社交工具,各种各样的网络社交平台为大学生的人际交往打开了广阔的天地,千山万水也阻隔不了大学生的网络社交行为,不同国度、不同地域、不同时间,都可以在网络上满足交际需要,由于网络的便捷性、虚拟性、丰富性、平等性和开放性,网络社交成为大学生人际交往中的重头戏之一。随着网络技术的不断发展,网络社交应用不断创新,大学生网络社交行为呈现出新的特点。

一、网络社交类型

1. 即时通信

图 4.1 是 CNNIC 公布的 2015—2019 年我国网民网络和手机即时通信应用的使用率情况,从图中数据可以看出,近几年我国网民使用网络即时通信和手机即时通信功能的人数不断增多,尤其是 2018 年,使用手机进行即时通信的人数几乎与网络即时通信人数持平,2019 年上半年,手机即时通信使用人数更是超过了网络即时通信使用人数,几乎所有手机用户都会使用即时通信功能[1-2]。

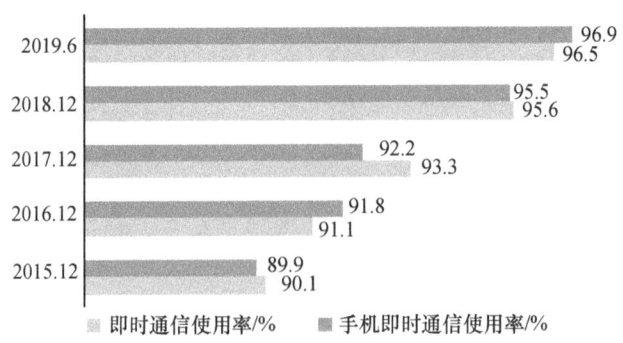

图 4.1　2015—2019 年我国网民即时通信应用使用率

目前,即时通信应用主要有微信、QQ、阿里旺旺、陌陌、YY、QT语音等,不同即时通信应用的差异化明显。1999年2月,腾讯自主研发服务对象主要针对年轻群体的网络即时通信工具QQ。2011年1月,腾讯公司推出主要服务于智能终端客户即时通信的免费社交程序微信。阿里旺旺的前身是淘宝旺旺和阿里巴巴贸易通,作为免费的网上聊天工具,其主要功能是对接购物服务。成立于2011年的陌陌是一款基于地理位置的移动社交应用,作为国内领先的开放式社交平台之一,用户可以通过视频、文字、语音、图片展示自我,同时发现附近的人、加入附近的群组,从而建立真实、有效、健康的社交关系。YY语音是欢聚时代开发的一款团队语音通信软件,最早用于魔兽游戏,除了团队语音功能,YY语音还具备聊天、视频、K歌、直播、在线影视等功能。2010年,腾讯公司开发的团队语音通信软件QT语音,占用内存小、操作简单、性能优越、支持多人语音交流,主要服务于需要多人语音沟通的游戏玩家、办公用户和家庭用户。

图4.2是2016年我国网民重点即时通信应用的使用率和常用率情况,根据CNNIC公布的调查数据显示,2016年,我国网民的微信注册使用率最高,其次是QQ,阿里旺旺、YY、陌陌等应用注册使用率在20%~30%。经常使用微信的用户主要通过手机端操作,电脑端常用微信的用户数量远少于QQ的用户数量。手机端陌陌的常用率远超PC端,其余应用手机端和电脑端的常用率相差不大[35]。

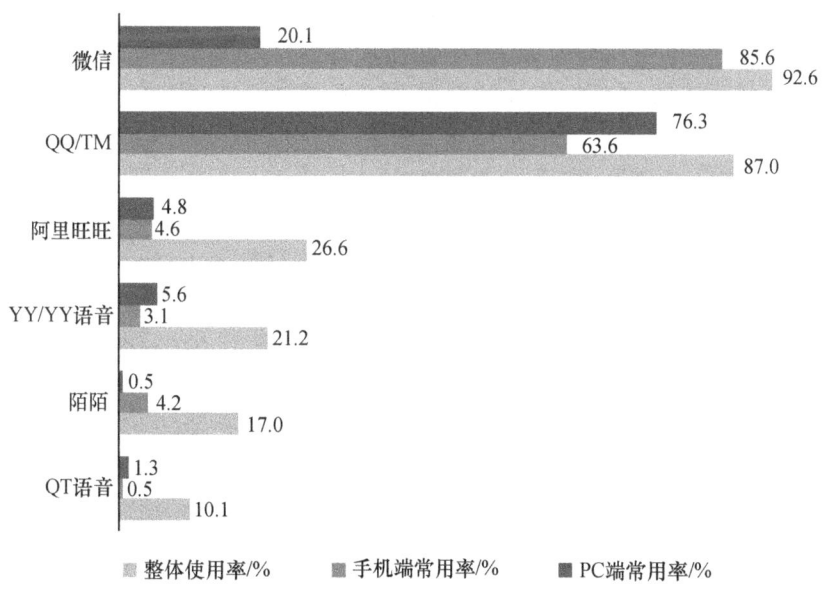

图4.2 2016年我国网民重点即时通信应用使用率和常用率

2. 综合网络社交

微信朋友圈、QQ空间、新浪微博等应用是目前比较常用的典型综合社交平台。朋友圈是微信软件的一个社交功能,2012年4月19日,微信4.0版本更新上线朋友圈功能,用户可以在朋友圈发布视频、文字、图片,也可以对朋友发布的内容进行评论或点赞,还可以分享其他软件的文字、音乐、视频等资源。2005年,腾讯公司开发了QQ空间,用户在QQ空间可以发说说、写日志、传照片、听音乐、玩游戏、看直播,因为可以根据个人喜好随意更换空间主题、装饰挂件、心情描述等,使QQ空间极具个性化,深受年轻人喜爱。2009年8月,新浪微博正式成立,用户可以发布消息、上传照片、分享心情,还可以关注、评论、点赞、转发,由于基本囊括了各类明星、企业高管、媒体工作者,新浪微博成为公众人物使用最多的综合网络社交应用。

根据中国互联网络信息中心的调查报告[35],截至2016年12月,我国网民微信朋友圈的使用率达85.8%,QQ空间使用率为67.8%,新浪微博使用率为37.1%。在这三种主要综合社交应用的用户中,男性比例均高于55%,其中QQ空间的男性用户比例最高,为60%。从用户年龄看,20~29岁用户比例为40.7%~50.0%,30~39岁用户比例为25.2%~30.2%,40~49岁用户比例为8.3%~14.7%,19岁以下用户比例为6.7%~9.9%,50岁以上用户比例为6.4%~7.8%,可见年轻群体是三大综合网络社交平台的主流用户。相比于微信朋友圈和QQ空间用户,新浪微博用户的学历水平、收入水平、城镇居民比例明显偏高。手机作为网民的主要上网设备,在综合网络社交方面表现强势,尤其是微信朋友圈,由于其功能设置的缘故,微信朋友圈的使用几乎完全依托手机设备。作为综合网络社交应用,用户使用朋友圈、QQ空间和新浪微博的主要用途都是与朋友互动增进感情、关注获取感兴趣的信息、及时了解社会热点,但是由于三者功能设计的侧重点差异,导致相对"封闭"的朋友圈侧重于熟人之间的交际,更公开化的新浪微博则侧重于陌生人之间的交际。

根据极光大数据分析,2019年3月,微信、QQ、新浪微博作为三大社交霸主,仍然是社交网络中渗透率最高、日活跃用户数量最多的应用。图4.3和图4.4分别是2019年3月各种社交网络App的渗透率和DAU均值情况,从图中数据可以发现,无论是渗透率还是DAU均值,微信都表现出色,其次是QQ,新浪微博在渗透率和DAU均值方面表现排名第三[36]。

95后群体发布内容的网络社交平台呈现多样化特点,微信、QQ、微博仍然占据前三名,除此之外,短视频、直播等平台表现也很出色,成为95后群体喜爱的社交方式。图4.5是2018年我国95后发表内容的社交平台人数占比情况,男生和女生的社交使用习惯大致相同,但是男生对短视频和直播平台的使用兴趣高于女生,女生发表内容则更多倾向于使用微信和微博等社交平台[19]。

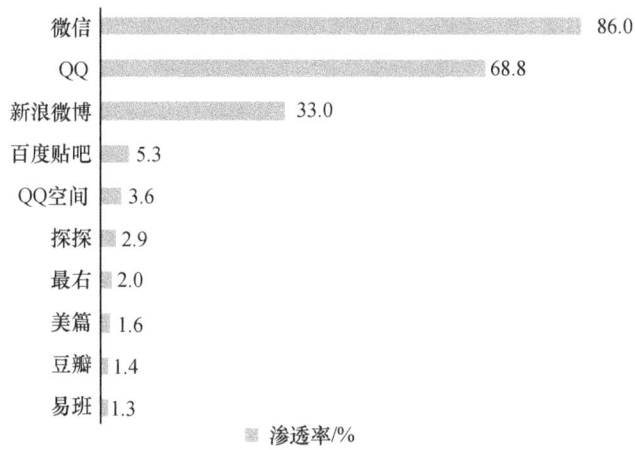

图 4.3 2019 年 3 月社交网络 App 渗透率

图 4.4 2019 年 3 月社交网络 App DAU 均值

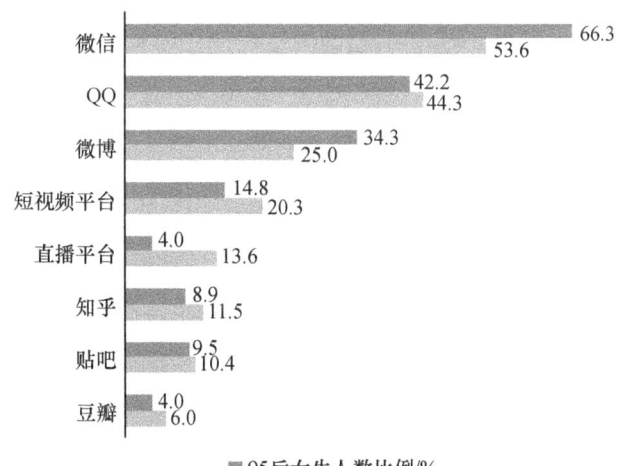

图 4.5 2018 年我国 95 后发表内容的社交平台人数占比情况

截至2018年6月,在大学生注册使用新浪微博的用户中,男生占48.2%,女生占51.8%。新浪微博大学生注册用户所在城市的分布情况如下:四线及以下城市注册使用新浪微博的大学生人数最多,占比34.5%;二线城市与三线城市大学生新浪微博注册使用人数相差不大,占比26%左右;一线城市大学生新浪微博注册使用人数占比11.9%;港、澳、台地区及海外大学生注册使用新浪微博的用户很少,占比均不到1%[18]。

除了以上三种主要的综合性网络社交应用,这里值得一提的是2019年12月30日以全新面貌强势回归社交网络的"人人"App,根据App Store排行榜公布的排名,自"人人"App上架后便摘得社交类应用榜首,总榜单位列十四名,足见其受关注程度。说起"人人",不少人会提及以同学关系为核心理念的实名制社交网络——人人网,人人网的前身是2005年12月由清华大学和天津大学的几名大学生创办的校内网,作为国内成立时间较早的校园社交网络平台,校内网承载了很多80后大学生珍贵的校园记忆,校内网自成立起就吸引了国内数千所高校入驻,大学生、学生组织、校园官媒等纷纷加入校内网,实名注册用户累计达2.4亿人。

3. 垂直性网络社交

(1)视频社交

这里说的视频社交,既包括抖音、快手、火山、西瓜、美拍、拍客、秒拍等短视频网络社交应用,也包括具有线上直播功能的各种直播平台,如映客、斗鱼、虎牙、YY、战旗、花椒、龙珠、火猫、熊猫TV等。根据极光大数据调查显示,2019年3月,我国移动网民平均每天使用App时长为4.2小时。图4.6是2019年3月我国网民人均每天不同手机App使用时长占比情况,社交网络是使用时长最长的手机应用,其次是视频直播应用,这两类应用使用时长接近60%的时间,可见社交网络和视频直播社交的发展势头强劲[36]。

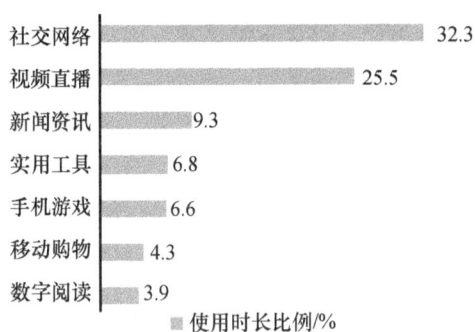

图4.6 2019年3月我国网民人均每天手机应用使用时长占比

根据极光大数据统计,截至 2019 年 3 月,短视频发展迅猛,相关 App 行业渗透率超过 65%,DAU 均值高达 3.31 亿。图 4.7 是极光大数据统计的 2019 年 3 月短视频 App 渗透率情况,其中,抖音短视频渗透率高达 42.2%,其次是快手,渗透率为 25.2%。在颠覆传统社交模式的风潮下,短视频社交上演了当下新兴视频社交的奇观,"南快手北抖音"二雄争霸的大局让短视频社交掀起了一阵狂潮,各种短视频社交应用就像雨后春笋,不断呈现新产品、新体验、新惊喜。在移动 App 渗透率环比增长率前十名中,全民小视频以 76.5% 的环比增长率位居第二名,微视以 39.2% 的环比增长率位居第八名。在日活跃用户数量(DAU)环比增长率前十名中,全民小视频以 DAU 环比增长 133.1% 位居第三名,微视以 DAU 环比增长 132.0% 位居第四名。可见百度在视频直播方面下了大力气,凭借好看视频和全民小视频两款应用,成为继头条和腾讯短视频的第三方势力,成功实现弯道超车[36]。

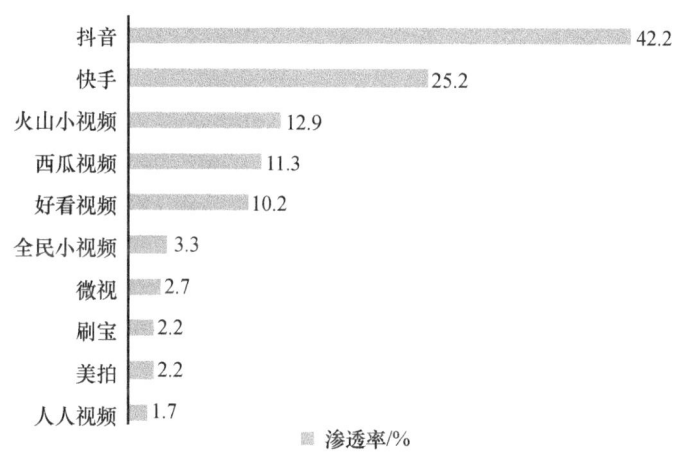

图 4.7 2019 年 3 月短视频 App 渗透率

2017 年抖音产品负责人透露:85% 的抖音用户在 24 岁以下,主力达人和用户基本都是 95 后,甚至 00 后。由于短视频社交平台很多,无法逐一分析,而抖音用户的年龄段正好符合大学生群体的特征,在一定程度上能反映出当前大学生在短视频社交平台的行为表现。2016 年 9 月上线的音乐创意短视频社交软件——抖音,作为今日头条旗下的子产品,对传统网络社交模式形成了猛烈冲击,迅速掀起了短视频社交的惊涛骇浪。

作为 2016 年网络社交的新热点,网络直播的确名副其实,2016 年也称为"中国网络直播元年",网络直播的出现引发了网络社交的一场传播革命、从 2005 年至今,网络直播经历了 PC 秀场直播、PC 端游戏等垂直领域直播、移动端泛娱乐直播和全场景沉浸式直播四次迭代[35]。随着手机与网络的快速发展,直播门槛大大降低,呈现出强大的吸引力和用户黏性,尤其对于95后和00后年轻群体更具有狂热的吸粉能力。根据CNNIC统计数据,截至2019年6月,我国网络直播用户规模达4.33亿人,占网民总数的50.7%,在所有网络直播用户中,游戏直播用户占比超过56%,真人秀直播用户占比为47.34%,体育直播用户占比44.80%,演唱会直播用户占比26.79%[1]。2019年上半年,"直播+"成为各大网络直播平台积极开拓的新模式,不断拓宽领域、丰富内容生态,通过与综艺、电商、短视频、文化、旅游、教育、电竞等产业的结合,直播产业的运营体系不断充盈,在推动网络直播行业加速发展的同时,搭上"直播班车"的其他产业也都实现了业务的快速增长。

提到大学生直播,这里不得不提及两位风云人物。2006年内蒙古高考理科状元石某,本科就读于清华大学建筑工程系,研究生就读于北京大学,在校期间,她成绩优异、表现突出,是一位名副其实的学霸,大三那年,她以"女流"的身份录制了第一个游戏视频,后来小有名气,毕业后的她为了心中的热爱放弃了8年的建筑学专业,毅然选择了自己喜欢的游戏主播,2015年2月,她第一次在直播平台上做起了直播,2017年2月,"女流"在某网络直播平台拥有109万的关注,在新浪微博有90万粉丝的关注。就读于周口师范学院经济管理系的张某,2017年的夏天,笑容灿烂、模样清秀的他因为一则"你要不要做我女朋友"的短视频而突然爆红,视频的转发量高达64.3万,在抖音上拥有上千万粉丝,是一名不折不扣的网红。

(2)社区社交

相比于微信朋友圈、QQ空间和新浪微博,以百度贴吧、豆瓣、天涯社区、知乎等应用为代表的社区社交应用使用率虽然不高,但是社区社交由于其社区属性,有自己独特的用户群体,以满足用户不同社交需求。根据CNNIC公布的2016年社区社交应用使用率数据,百度贴吧应用的使用率最高,达到34.4%,豆瓣网的使用率为8.1%,知乎的使用率为7.6%,天涯社区的使用率为7%[35]。

2003年12月上线的百度贴吧,因为相对封闭的社区环境,将一批爱好相同、需求相似的一群人集中在一个"吧"空间,大家相互展示、自由发言、交流思想、表达情感,成为影响力较大的实名制中文交流平台。创立于2005年3月的豆瓣网,是以用户对图书、电影、音乐等相关产品的体验、评论、交流服务为特色的社交平台,豆瓣网用户可以快速获得相对可靠的产品推荐,因为豆瓣网的评论都是来自用户本身的实际体验。2010年12月成立的知乎网站,通过真实的网络问答,营造了温和、理性的网络社区氛围,不少用户是来自各行各业的精英人士,通过分享专业知识、宝贵经验和独到见解,为广大网友提供了可信度高、含金量足的网络信息资源。创办于1999年3月的天涯社区,经过20多年开放包容的发展,成为全球极具影响力的网络社区社交平台,天涯社区的基础交流以微博、博客和论坛为主,提供空间、相册、音乐、商店、问答、消息等多种功能服务。

(3)功能社交

以特定功能为导向的网络社交平台主要满足用户在职场、婚恋、音乐、地图等方面的使用需求。这种功能性社交平台虽然用户数量相对小众,但是在满足用户个性化需求方面发挥了不小的作用,丰富的网络社交产品让整个网络社交生态呈现多样化、个性化趋势。脉脉、领英、钉钉、企业微信、猎聘秘书、人脉通、赤兔、看准、和聊等职场社交应用主要针对用户在职场方面的需求。百合网、世纪佳缘、58交友、赶集婚恋等平台则主要对接有婚恋交友需求的客户。网易云音乐、音遇、后浪小镇、美乐时光、Muzziker、音乐日记、落网等网络平台主要服务于音乐社交群体。听筒、映客视频、Spot等应用平台则主打地图社交。除此之外,还有以匿名社交为核心卖点的社交平台,如Soul、一罐等。

二、大学生网络社交行为的特点

1. 网络社交行为十分普遍

随着互联网信息技术的快速发展,手机移动设备和流量服务水平的迅速提升,几乎所有的大学生每天都会使用即时通信应用,用以联系亲朋好友、增强人际情感。2019年上半年,手机即时通信使用率首次超过网络即时通信使用率,手机即时通信几乎实现97%的覆盖率。尤其是微信和QQ,因为具有传播速度快、影响受众广、使用更方便等特点,成为当前大学生主要的网络社交工具。据调查显示,朋友圈、QQ空间、新浪微博用户使用最主要的目的都是"和朋友互动,增进和朋友之间的感情",可见即时通信在网络社交应用中的绝对优势地位[35]。

山东师范大学田录梅等通过问卷调查了国内274所高校(华东88所,华南16所,华中40所,华北36所,西北26所,西南45所,东北23所)共计3571名大学生的社交网站使用目的情况。调查结果发现,66.9%的大学生微信用户进行网络社交的最主要目的是"联系朋友、维持友谊",69.4%的大学生QQ用户将"联系朋友、维持友谊"列为网络交往最主要的目的,可见,网络社交行为在大学生群体中十分普遍。

2. 网络社交对象以熟人为主

根据CNNIC公布的调查结果,以朋友为主的熟人社交是最重要的社交模式。图4.8是2016年三大综合社交网络主要功能使用人数占比情况,"浏览朋友动态、心情、微博""分享或转发""发布或更新状态""看视频或听音乐""发布日志、日记、评论""上传照片""游戏""购物"是网友使用微信朋友圈、QQ空间和新浪微博的主要用途,其中"浏览朋友动态、心情、微博"成为使用人数最多的功能,人数占比在60%左右,足见朋友是网络社交的重要对象[35]。

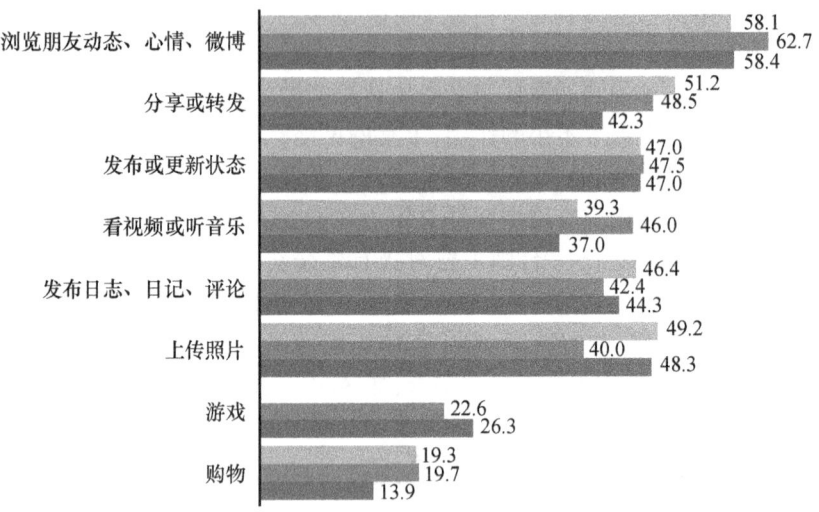

图4.8　2016年三大综合社交网络主要功能使用人数占比

图4.9是CNNIC公布的2016年三大综合社交网络主要社交对象类型占比情况,从图中数据可以看出,三者的联系对象都以现实中的亲戚朋友为主,尤其是微信朋友圈和QQ空间,超过95%的社交对象是现实中的亲戚朋友,熟人社交是微信朋友圈和QQ空间的主要社交模式。值得注意的是,新浪微博因为聚拢了大量的名人、明星、网红、企业和行业机构,所以新浪微博相较于微信朋友圈和QQ空间,更偏于非熟人社交,用户类型具有更强的开放性[35]。

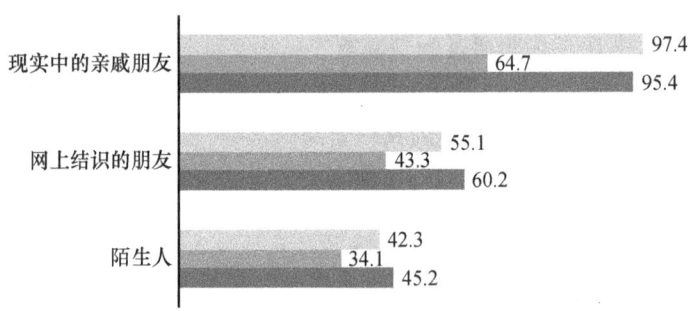

图4.9　2016年三大综合社交网络主要社交对象类型占比

山东师范大学田录梅等通过问卷调查了国内274所高校共计3571名大学生的网络社交对象情况,结果发现:在使用微信的大学生中,53.9%的大学生将现实中的朋友作为联系最密切的交往对象,48.4%的大学生将现实中的亲属作为联系第二密切的交往对象。在使用QQ的大学生中,87.9%的大学生将现实中的朋友作为联系最密切的交往对象,69.4%的大学生将现实中的亲属作为联系第二密切的交往对象。可见,大学生网络社交的对象主要以熟人为主,熟人社交在大学生群体中占有十分重要的地位。除了熟人,陌生的网友在大学生网络社交中也普遍存在,在部分大学生的社交对象中甚至占有比较高的比例。QQ用户中,10.8%的大学生有40%以上的社交对象为陌生网友,3.3%的大学生有80%以上的社交对象为陌生网友。微信用户中,7.5%的大学生以陌生网友为社交对象的比例超过40%,1.6%的大学生有80%以上社交对象为陌生网友。此外,陌生网友的占比还受大学生性别和所在年级等因素的影响。

3. 网络社交几乎实现全方位覆盖

调查数据显示,大学生每天在新浪微博的平均消耗时长为115分钟。图4.10是2018年6月新浪微博大学生用户在线时间人数占比分布情况,一天当中每个时间段都有大学生用户使用新浪微博,但是最集中使用的时间段为早上7点至晚上12点,尤其是中午12点和晚上10点,大学生新浪微博在线人数最多,占比在40%左右。可见,一天24小时都有大学生活跃在网络社交平台[18]。

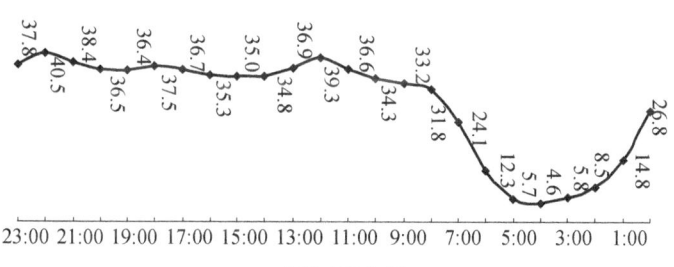

图4.10　2018年6月新浪微博大学生用户在线时间人数占比分布

无线网络的发展,尤其是5G网络的发展,更为学生随处上网提供了可能性,打破地域限制的网络社交形式让大学生真正实现了"无处不网",无论是课堂还是课外、宿舍还是教室,基本全部覆盖了网络,学生可以随处上网。从这个意义上讲,大学生的网络社交实现了时间与空间的全方位覆盖。

4. 社交方式、角色、对象呈多元化发展

与传统人际交往不同,大学生网络社交呈现多元化发展趋势,主要体现在社交方式、角色扮演、社交对象等方面。

网络为大学生社交提供了多样化的平台,既有以微信、QQ、阿里旺旺、YY等为代表的即时通信类,也有以微信朋友圈、QQ空间、新浪微博等为代表的综合网络社交,还有当前十分火爆的视频社交、社区社交和功能社交等平台,面对如此丰富的网络社交资源,大学生可以选择的社交方式呈现多元化特点。

由于网络社交环境的虚拟性,大学生在网络社交过程中可以同时以不同的身份存在,不同的社交平台赋予大学生不同的社交角色,他们可以是熟悉的朋友、亲近的学生,可以是陌生的玩伴,还可以是素未谋面的心灵伴侣。不同的角色定位使大学生网络社交呈现更为明显的角色复杂性。

由于摆脱了时空的限制,网络的海洋让大学生的社交对象呈现出前所未有的丰富,除了大学生熟悉的、认识的,还有来自不同国度、不同地域、不同信仰、不同组织、不同职业、不同爱好、不同年龄的网友,这些网友大多数是陌生人。面对如此多样化的个体或群体组织,大学生网络社交的对象呈现多元化特点。

5. 阶段性、同一化特点突出

大学生群体对于网络社交的应用趋势呈现阶段性特点,无论是在即时通信方面,还是在综合网络社交和功能网络社交方面,大学生的社交受所处阶段特点的影响明显。对于初入校园的大学生来说,他们网络社交的侧重点在联络熟人和生活适应上;对于已经熟悉校园又无较大就业发展压力的大二学生来讲,他们网络社交的侧重点为发展兴趣爱好;对于要考虑未来发展的高年级学生,他们网络社交的侧重点则以求职、考研等方面为主。

大学生是一群容易感染他人、被他人感染的群体代表之一,尤其是某一款符合大学生口味、满足大学生需求的网络社交应用刚刚面世,容易在大学生群体中形成扩散快、影响大的"龙卷风"效应,比如抖音在2016年刚刚问世时,在大学生群体中就刮起了一阵狂风,几乎无人不知无人不晓,关于抖音的交流话题比比皆是。正是这种一传十、十传百的扩散模式,让大学生的网络社交呈现明显的同一化趋势。

6. 线上线下存在情感脱节现象

沈阳师范大学研究生王玉研究了新媒体时代大学生网络人际交往问题,分析了网络交往过程中情感弱化的几种现象:一是网络交流中使用的文字、图片、视频、音频等表达符号容易造成信息传递的断层、表达交流的误解、情感理解的失调等后果。二是缺乏面对面的心灵沟通与交互,冰冷键盘敲击和隔着手机屏幕的"畅所欲言",让大学生对现实交流更加冷漠。三是变化多样的网络身份加重了身份的不确定性,很难流露真情实感。四是摆脱现实约束的网络交往加重了大学生的信任危机,虚拟的网络人际关系有很多不真实因素存在[37]。

"网上说不停、见面没话说"的现象在大学生群体中十分普遍,过节聚会、生日聚餐等热闹的社交场面随处可见沉默不语的低头族,尤其是在现实生活中不善言谈的大学生,他们把更多的社交精力放在虚拟的网络环境中,熟悉了对着屏幕、使用按键的交流方式,走出网络往往伴随着更加沉重的孤独感,情感脱节现象不容忽视。

7. 自主意识和表现欲望更加明显

根据 CNNIC 调查数据显示,64% 的大学生有网络分享意愿,近 12% 的大学生有强烈的网络分享意愿,半数以上的大学生有网络评论意愿,6.1% 的大学生有强烈的网络评论意愿,可见大学生的网络意见表达和网络分享欲望较强[11]。开放、包容、便捷的网络社交环境让大学生的自主意识得到充分体现,在网络社交中,大学生可以自由地结交朋友、自由地发表观点,有时无须顾忌对方认不认识自己,也不用考虑对方是什么身份,甚至可以向网络社交中的对方任意吐露心声,一些怪诞、新奇甚至荒谬的想法在网络社交中更容易被接纳,不受制于严肃与权威,也许还能找到有相同思想的朋友,也有的大学生由于见解独特、号召力强而成为意见领袖。正是这样的自由让很多大学生在网络社交中表现得更加主动,更愿意敞开心扉,大学生的自主性和表现欲在网络社交中得到了很好的施展。

8. 娱乐化社交应用不断走热

根据艾瑞咨询提供的数据可知,2019 年 95 后人均自主安装 App 数量为 35 个,其中安装社交类 App 应用的 95 后用户人数占比 95%,安装音乐类 App 应用的 95 后用户人数占比 82%,安装视频观看类 App 的 95 后用户人数占比 74%,安装游戏类 App 的 95 后用户人数占比 45%。根据统计结果可以发现,95 后使用微信更多地关注内容与深度,而新浪微博更多地侧重于娱乐应用[38]。

有调查数据显示,大学生对影视的关注度最高,其次是搞笑类话题。图 4.11 是 2018 年 6 月我国大学生新浪微博用户兴趣话题人数占比情况,从不同微博兴趣话题人数占比情况可以看出,接近 74% 的大学生关注影视话题,超过 43% 的大学生关注搞笑话题。此外,从调查结果发现,大学生感兴趣的视频主要有电视剧、综艺节目和教育类视频,其中电视剧话题主要集中在当下热门电

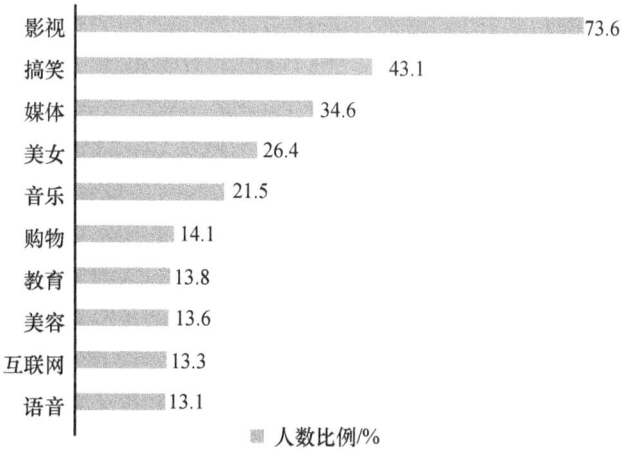

图 4.11　2018 年 6 月我国大学生新浪微博用户兴趣话题人数占比

视剧,《奔跑吧兄弟》《中国新说唱》等综艺节目也很受大学生欢迎。以抖音、快手为代表的短视频平台,游戏直播、真人秀直播深受大学生喜爱,越来越多的大学生将大把的时间耗在视频直播平台上,在"窥探"他人的人生中不断地消磨时光、消遣娱乐[18]。

9. 安全意识相对薄弱

2015 年,我国首个《公众网络安全意识调查报告(2015)》正式发布,73.92%的青少年网民认为"本人保护不当,自我保护意识太差"是导致个人隐私泄露的主要原因[39]。大学生在网络社交中上当受骗的案例时有发生,因为网恋而受侵害,因为轻信网友陷入传销,因为沉溺网络社交出现心理障碍等,这些现象的产生有整个网络监管的疲软、网络生态的复杂和不法分子的狡猾,更有大学生在网络社交中自我保护意识、安全意识和警惕意识的缺乏,一些大学生对于自身信息不注意保护,造成信息泄露甚至遭遇网络诈骗。

有调查显示,超过60%的大学生对网络持信任态度,1.3%的大学生对网络是无条件完全信任的态度,59.6%的大学生对网络持比较信任的态度,37.2%的大学生对网络持不信任的态度,3%的大学生对网络持完全不信任的态度。大学生群体对网络安全的认知程度还有待提高,1.8%的大学生认为网络十分安全,46.5%的大学生认为网络比较安全,可见近半数大学生对网络安全缺乏足够的敏感性与警惕性[11]。

10. 失范行为时有发生

网络参与主体的自律缺失是导致网络社交过程中失范行为产生的重要原因。罗然认为,网络传播者在易于操控与表达的网络交往环境中,操控信息传播环境和展示自我存在的控制欲望更容易得到满足,也正是这种控制欲望的极大满足容易滋生网络传播者的自我放纵,从而有可能导致网络的自我异化现象[40]。所谓"网际自我异化"是指个体沉醉于网络空间的信息收集,专注或痴迷于网络虚拟生活,但结果并未让个体获得稳定的满足感,焦虑甚至出现加剧,导致自我控制能力的丧失[41]。张燕认为网络谣言是网络表达失范的一个重要表现,互联网与谣言传播在传播速度和广度、时效性、匿名性、低受控性和多媒体冲击力等方面具有较多的特点吻合,由于传统把关机制的弱化、网络环境中身份的虚拟、信息传输具有实时性、一群人在思考过程中常常导致群体自我膨胀等因素,网络谣言具有鱼龙混杂、发言自由、信息失真、主观性强等不同于传统谣言的新特点[42]。作为网络社交的参与者,大学生在享受网络社交带来的便利交流、自由发言、个性化表达的同时,也有部分大学生的网络法律意识淡薄,自我约束能力有限,甚至成为网络社交洪流中的暴力帮凶,一些大学生对于网络上看到的内容未经证实就随意转发、恶语相加、肆意指责、宣泄不满,成为不折不扣实施语言暴力的"键盘侠"。2018 年 4 月,厦门大学"洁洁良"事件就是一例典型的网络失范行为,现实中和网络中的洁洁良呈现了完全相反的双面人格取向,网络虽有平等的话语权,但这并不代表可以随意发表不当言论。

三、大学生网络社交行为的原因

1. 技术发展促进大学生网络社交行为

"无时无刻""无处不在"的网络社交环境为大学生提供了丰富的社交资源,大学生在网络社交中之所以具有更强的自主性、积极性、多样性,是因为网络上形式多样、内容丰富、使用便捷的社交应用,尤其是移动社交的迅速发展更为大学生的网络社交提供了随时随地社交的有利条件。畅所欲言,不受时间、地点、身份、地位等现实因素的限制,社交范围与频率大大提升,大学生的社交兴趣为海量的信息所刺激,共同的兴趣爱好、平等的话语权、充分的自我展示增强了大学生网络社交的积极性与主动性。

2. 需求满足激发大学生网络社交行为

美国人本主义心理学家马斯洛于1968年提出了著名的需要层次理论,认为人的需要包括生理的需要、安全的需要、爱和归属的需要、尊重的需要和自我实现的需要五个层次[43]。在物质极大丰富的今天,大学生的生理需要基本可以得到满足,生活在法制社会的大学生基本能满足安全的需要,但是与他人建立情感联系,归属于某一个群体并享有地位,受到他人的高度评价与尊重,这方面的需要在竞争激烈的今天,一些大学生并没有从现实中得到很好的满足,于是虚拟、开放、包容、自由、交互的网络环境为大学生实现较高层次的需要提供了可能。在现实中不善言谈、人际关系紧张的大学生可以在网络中表达真实情感、排解焦虑情绪、寻求心理慰藉,"骨感"的现实社交让一些大学生在理想的网络氛围中可以实现他人认可与自我认同。

3. 网络生态影响大学生网络社交行为

网络中通过恶搞、炒作、炫耀等表现手法,把一切事物都拿来娱乐,娱乐至上的网络氛围可以放松人们的紧张神经,让人们在满足低级本能需要中感受快感,这就是网络"泛娱乐化"现象[44]。随着网络娱乐化倾向引导越发明显,在现实压力倍增与道德约束紧迫的逼仄下,一些大学生通过网络寻求快乐,网络社交中大量充斥的"泛娱乐化"现象为大学生排解压力找到了有效的"减压阀"。加之网络中功利主义、拜金主义、利己主义等腐朽思想的熏陶,大学生网络社交行为也受其影响。尤尔根·哈贝马斯认为:"交往行为是由符号协调的互动,它服从的是必须实行的规范,这些规范决定交往双方行为,且至少被两个行为主体理解、承认。"[45]由于网络生态中没有关于社交的正式规范与明确限制,监管与约束整体呈现乏力疲软的状态,网络社交容易出现放纵随意、诚信荒芜、责任感缺失、自控力消退、情绪极化等一些失范现象。网络社交的去中心化让每一个大学生都可以成为社交的中心,开放、扁平、平等的网络社交过分追求自由化的同时容易导致网络社交秩序的失衡,现实道德与网络约束因不均衡的存在而引发了道德断层现象的产生。

4. 社会心理诱导大学生网络社交行为

马克思指出:"单个人随着自己的活动扩大为世界历史性活动,越来越受到对他们来说是异己的力量的支配。"[46]由于人具有寻求行为参照、抵触群体偏离、向往群体凝聚的偏好,使得从众心理在社会群体中发挥了十分普遍的作用。在社会群体狂热的网络社交洪流中,"随大流"的心理状态让大学生对网络社交的认知、判断、信念与行为等方面表现得与大多数人一致。

精神分析学派创始人弗洛伊德提出了人格结构理论,他把人格结构分为本我、自我、超我,位于人格结构最低层次的本我是人原始的无意识本能,遵循快乐的原则,它不顾现实能否实现,寻求直接的满足,位于人格结构最高层次的超我是道德化的自我,它能抑制本我冲动、监控自我、追求完美境界,遵循道德的原则[47]。现实交往的压力让抑制了许久的本我人格在网络中得以自由释放,感性、轻松的快乐在网络中被无限激发,这也在一定程度上解释了为何大学生对网络社交流连忘返、难以割舍。

四、大学生网络社交行为的影响

1. 网络社交行为的积极影响

(1) 拓宽大学生社交范围

时间和空间已经不再是社交的障碍,地球两端也不再是遥不可及的距离,网络架起了大学生人际交往的桥梁,纷繁复杂的网络环境将具有不同年龄、身份、职业、地域、经历、文化、信仰、思想、经验的人们笼在网络这张"大网"中,涉及政治、经济、文化、艺术、教育、宗教等多领域的信息在社交平台汇聚,大学生的社交范围被全方位拓宽。

(2) 激发大学生社交活力

网络创造了人际互动与视听享受的奇观,传统的单向度社交传播被网络实时互动的社交模式、丰富有趣的社交体验、平等自由的社交格局所打破。大学生可以畅所欲言,随时表达自己的观点与思想,自主地发展兴趣爱好,充分地展示自我,思想交流与思维碰撞创造了更多的新奇,每个人都可以是创造者,大学生的精神需求得以充分满足,同时逾越身份与地位限制的鸿沟,大学生的社交兴趣与社交活力被大大激发。

(3) 满足大学生内在需求

每一个人、每一种思想、每一种文化都可以在网络社交平台中找到去权威化的理解与尊重,大学生在网络社交活动中可以充分发挥自己的主观能动性,现实中难以实现的想法可以在虚拟的网络环境中得以表达,心中的情绪情感可以在虚拟的网络环境中得以抒发,大学生社交的需求可以充分被满足。

2. 网络社交行为的消极影响

(1)安全健康受影响

鱼龙混杂的网络社交平台让缺乏社会经验与辨别真伪能力的大学生更容易成为上当受骗的弱势群体,有的大学生因为不当的网络社交行为而深受其害。有调查显示,高校成为艾滋病的重灾区,关于高校学生患艾滋病的报道不断。2019年8月,中国疾病预防控制中心艾滋病防治组公布了这样一组数据:15~24岁青年学生是患有艾滋病的高危人群,每年报告发现病例约3000例,大学生群体通过性行为感染艾滋病的人数超过90%。在上海部分高校增设的艾滋病检测包自动售卖机,在上架当天就引起了学生们的疯抢,在一个大学仅6个小时就销售一空。网名"动物无常"的网友在微信群里扬言:"我成功把艾滋病传给一个大二女孩,这次不中就天理难容了。"让人心惊肉跳的背后是严重的道德沦丧。蒋萌在人民网观点频道曾就一款名为"甜蜜定制"的App进行了深刻抨击,这些社交平台打着"高端交友"旗号,实际上却是严重影响公序良俗、为"包二奶""找干爹"等低俗需求提供条件的援交平台。这些违背道德伦理的网络社交行为给大学生的身心带来了极大的伤害。

案例1

李某是柳州某高校的一名女大学生,2017年3月,李某通过微信"摇一摇"认识了一位自称武汉市健身房老板的刘某。双方聊了一个多月后,于2017年5月确立了男女朋友关系。2017年6月,刘某以健身房破产、需要资金周转为由,向李某借了2000元。随后,他以健身房破产需要还钱、男女朋友之间互相帮忙等为借口,向李某借了25笔钱共计12万元。李某发现情况不对,催促刘某还钱,刘某以各种理由推脱。事后,一名自称是"刘某父亲"的男子跟李某联系,说他发现了儿子刘某借钱的事情,愿意将李某借出的12万元转换成他经营的一家公司的股份,以公司股份分红的方式还钱。截至2019年1月28日,又骗走李某21笔钱共计9万元。

案例2

小陈是南宁某大学的一名在校大学生,2018年夏天,小陈通过微信"搜索附近的人"功能,添加了一名男性网友,该网友自称姓梁,是广西某公司的副总经理,但之后两人并没有继续聊天。直至2019年3月,梁某突然在微信上频繁与小陈聊天。聊天中,梁某对小陈关怀备至,年轻的小陈被梁某的"关心"打动,在聊天持续了半个多月后,小陈与梁某发展成男女朋友关系,双方还见过几次面。

但两人见面之后,梁某却开始以各种理由向小陈借钱。梁某向小陈借钱的理由花样百出:交物业费,周转资金,工程款未结需要钱打点关系请领导吃饭,被公安局拘留需要拿钱赎人,银行被冻结等。小陈一心想着为男朋友解决燃眉之急,并未多加怀疑,还一直通过各种方式为梁某筹钱,直至联系不上梁某,小陈才幡然醒悟,并向公安机关报案。

案例3

暗中调查的记者以吃饭培养感情为由在微博上约了一名自称是广州本地大二学生小Y。小Y将价格明细、服务内容发给记者,并且要求入住豪华酒店。据小Y自己透露,她今年20岁,是白云区一家专科学院的大二学生,通过同行朋友介绍,从大一开始接触"援交",刚开始不习惯,但在金钱的诱惑下选择了这条路,不过同学和家人对此都不知情,同行之间不相识、交流甚少,目前她了解到"援交"的女大学生数量越来越多、年龄越来越小。来自各行各业的"顾客"一半是已婚人士,也有非常年轻20岁出头的"顾客"。

(2)社交能力缺失,情感更加疏离

虚拟的网络社交环境营造了高度"临场"、众声喧哗的热闹场景,集体围观与脱离现实的不稳定性让身体缺席的大学生对网络依赖感更加强烈,资本利益推动的网络聚合让大学生在社交狂欢之后依旧孤独,人与人之间因为缺乏真诚交流与心灵沟通导致现实关系更加疏离[48]。关于互联网使用与孤独感的关系,国内外许多学者进行了相关研究,有学者认为两者没有显著的关联,有学者认为两者之间有明显的关联:互联网的频繁使用会引发孤独感,适当使用可以减轻孤独感,孤独个体使用互联网的倾向更强烈,互联网的使用与孤独感互为因果等。南京邮电大学李萌基于频繁使用网络会导致产生孤独感,孤独个体更容易产生网络依赖倾向,孤独感与互联网的使用相互促进、相互影响的前提,针对网络时代下大学生孤独感进行了相关研究,结果发现大学生群体中孤独水平较高的人数接近20%,使用网络的时间越长,大学生的孤独感程度越高,网络沉浸式体验就越高,越容易出现网络成瘾行为[49]。

网络社交与现实中的人际交往存在很大的差异,前者更倾向于隐匿性、开放性、随意性、自主性。一些大学生习惯了网络社交模式,敲击键盘或点击屏幕,具备网络独特传播特点的网络社交语言不需要过多的情感交流,也许一个表情包、一张图片、一个字母就能"替代"所有想说的话和所有想表达的情感,隔着屏幕仿佛不用过多地顾忌对方的当下感受,社交双方没有面对面交流的温度与立体感。扁平化的网络社交无形中折损了大学生在现实中的社交能力,网络孤独症、网络自闭症、社交恐惧症等情况大有所在。

(3)自我约束力淡化,责任与诚信意识被削弱

网络社交平台充满了各种诱惑,尤其是欢快的网络社交体验让部分大学生

对时间的掌控力丧失殆尽,"抖音不知不觉刷了一整天"的情况十分普遍,因为沉浸在网络中不愿意抽离而经常熬夜的情况更是平常,"手机恐慌""网络恐慌"成为很多大学生焦虑情绪的常态,久而久之,大学生的自我约束力不断被淡化消磨。

以去中心、去权威、去理性为典型特点的青年亚文化在网络社交中展现得更明显,由于思想相对单纯、更容易冲动、社会阅历尚浅,部分大学生在网络社交中并不是很注重自己的言行举止,随意评论、恶语相加、道德"绑架"等不负责任的情况时有发生,有形约束软塌的网络社交环境削弱了大学生的责任意识。

在虚假信息、垃圾广告、低俗推送的影响下,一些大学生对网络社交的可信度并不高,甚至有"以牙还牙"的心理,一方面自己对网络社交不抱有充分的信任,另一方面用一种非诚信的交往方式在网络中游走。没有十分清晰的诚信界限,没有强烈的失信负罪感,网络社交在无形中助长了大学生的失信行为,诚信意识受到了很大程度的冲击。西安建筑科技大学白萌针对大学生网络社交信任问题进行了系统研究,认为网络信任的产生涉及初始信任与快速信任、预设性信任、网络交往信息产生的信任和主体的主观判断,网络信任的发展可能伴随着信任的深化、破裂或者回归,通过对西安5所高校的321名大学生的调研分析,结果发现大学生在网络社交中整体信任程度偏低,网络社交的潜在风险拉低了大学生的网络信任程度,对待网络社交保持一定的警惕性,网络"杀熟"、盲目信任、网络暴力、网络诈骗等网络信任危机较为普遍[50]。

(4)主流价值观被冲击甚至扭曲

充斥在网络社交中的一些负面思想成为腐蚀或扭曲大学生"三观"的强有力"杀手",享乐主义、自由主义、功利主义的弥漫就像一种慢性毒药,不容易被大学生察觉,却对大学生原本积极健康的主流价值体系形成潜在的威胁,尤其是近些年逐步繁荣的演艺事业让一大批明星成为大学生的"精神领袖"。2016年可以说是"网红元年",网络红人的成名"捷径"扰乱了一部分大学生的心智,"读书有何用,还不如去整容泡吧当网红",一夜爆红、不劳而获的诱惑让部分大学生趋之若鹜、心甘情愿,他们纷纷走向网络,化浓妆、讲段子、拼才艺、开直播、录视频,越来越多的大学生向往当网红,善良真实、积极阳光、才华横溢的网红当然是可以的,但是部分网红大学生为了赚取关注度而做一些虚伪浮夸、炫耀做作甚至让人反感的行为着实会引发一些负面影响。

(5)人格分化断层现象时有发生

北京大学钱理群教授曾经说过一段让人深思的话:"我们的一些大学,包括北京大学,正在培养一些'精致的利己主义者',他们高智商,世俗,老到,善于表演,懂得配合,更善于利用体制达到自己的目的。这种人一旦掌握权力,比一般的贪官污吏危害更大。"[51]詹姆斯·阿特拉斯(James Atlas)曾经这样描述精英名校大学生:"他们双修专业,擅长体育,谙熟多种乐器,掌握几门外语,并参加为世界某贫穷地区组织的援助项目,而且仍有精力发展几项个人爱好。总之,于内,琴棋书画样样精通;于外,扶贫济困魅力无限。"威廉德雷谢维奇在《优秀的绵羊》中说:"我们似乎不得不对这一群内外兼修、无所不能的精英名校生投以一种羡慕敬仰的目光。但是当那层不可一世的自信和完美无缺的光鲜外表被剥离后,你会惊讶地发现,这群年轻人身上寄居着令人窒息的恐惧、焦虑、失落、无助、空虚和孤独。"[52]现实与网络既相互联系,又有所区分,大部分人不会在现实与网络中表现为"双面人",但是也有一小部分大学生将现实与网络分割为独立存在的两个世界,在现实中表现出一种人格,在网络中又是另外一种人格,人格分化断层的表象背后是"双面人"内心丑陋的隐性表现。

案例4

2017年9月,就读于香港某大学的泸州市高考状元唐某在微博上就发生在学校的"民主墙事件"与网友开骂,并用侮辱性的词语"支蛆"辱骂网友,引起了网友的诸多不满。2012年唐某以高考611分的成绩摘得四川省泸州市文科第一名,他在享受着国家优质的教育资源和有利政策的同时却用羞辱性的词汇诋毁同胞,"双面人"的精致利己主义在唐某的身上得以体现,发人深省。

案例5

2018年4月,微博上名为"洁洁良"的账号公开发布辱华言论,引起诸多网友不满,一时引起了轩然大波。后来发现网上恶语频出的"洁洁良"在现实生活中却是个成绩优异、保送博士、担任过学生会干部、曾获多项荣誉称号的中共党员,现实与网络中的巨大反差将"洁洁良"迅速推到了舆论的风口浪尖,人们眼中的"高材生""优秀生""尖子生"在入党申请书、奖学金申报表上充满正能量,然而在虚拟的网络世界却是个价值观扭曲、道德沦丧的"双面人"。

五、大学生网络社交行为的引导

社会心理学家舒茨(W. C. Schutz)在1958年提出了人际需要的三维理论,他认为人际需要有包容需要、支配需要、情感需要三种,包容需要是个体想要与他人建立并维持一种满意的相互关系的需要;支配需要是个体在权利关系上与他人建立并维持满意关系的需要;情感需要是个体与他人建立并维持亲密的情绪联系的需要[53]。良好的人际关系遵循相互性、交换性、自我价值保护和平等的原则,大学生积极健康的网络社交行为也应遵循这样的原则,只有正确理解网络社交,真诚对待彼此,充分发挥网络优势,厘清网络社交和现实社交的关系才能满足自身人际关系中包容、支配和情感的需要。

1. 加强对大学生网络社交方面的教育

布鲁默认为,语言、文字、动作、物品甚至场景等都是代表人的某种意义的"符号",而心智、自我和社会的形成与发展是以符号使用为前提的互动过程,语言是心智和自我形成的主要机制,心智是社会过程的内化,个体通过人际互动学到有意义的符号后通过内向互动并发展自我[54]。从这个角度而言,规范大学生的网络社交行为,对促进大学生良好心智的形成具有正向意义。由于网络的发展时间较短,网络社会中并未形成一个比较系统的伦理道德标准体系,人们对于现有的网络社会交往评价的依据还是来自现实社会中[55]。加强大学生的网络道德修养,引导大学生在网络中树立自律意识,面对良莠不齐的网络社交环境,能够坚定政治立场,可以守住主流价值观,坚决抵制不良社交信息和腐朽思想。引导大学生坚守底线,不做随波逐流的附庸者,不做以讹传讹的从众者,不做腐朽思想的崇拜者。

通过课堂教学、主题教育、专题讲座、文化活动等方式,邀请有经验的专家为大学生们讲解网络社交中的常见陷阱和可能引发的问题,培养大学生在网络社交行为中的辨别能力,明确自身在网络社交中接收者与发布者的双重身份,掌握当前网络社交中容易发生的风险因素,合理应对网络社交中遇到的各种问题,提升网络社交安全意识与自我保护能力。引导大学生树立"守信为先、真诚为上、理性陪伴"的网络社交心态,帮助大学生厘清网络社交与现实社交的区别与联系,网络社交虽然具有足够的自由性、开放性、包容性,但不是躲避现实、挑战道德、触犯法律的"庇护所",现实与网络社交中人格分化断层、貌合神离的"双面人"必然要承担相应的后果。

2. 多方位联动营造良好社交氛围

2014年2月,习近平在中央网络安全和信息化领导小组第一次会议上指出:"做好网上舆论工作是一项长期任务,要创新改进网上宣传,运用网络传播规律,弘扬主旋律,激发正能量,大力培育和践行社会主义核心价值观,把握好网上舆论引导的时、度、效,使网络空间清朗起来。"2016年4月,习近平在网络安全和信息化工作座谈会上强调:"网络空间是亿万民众共同的精神家园。网络空间天朗气清、生态良好,符合人民利益。网络空间乌烟瘴气、生态恶化,不符合人民利益。我们要本着对社会负责、对人民负责的态度,依法加强网络空间治理,加强网络内容建设,做强网上正面宣传,培育积极健康、向上向善的网络文化,用社会主义核心价值观和人类优秀文明成果滋养人心、滋养社会,做到正能量充沛、主旋律高昂,为广大网民特别是青少年营造一个风清气正的网络空间。"

大学生的成长不仅受学校教育氛围的影响,还受家庭成长氛围和所处社会环境的影响,因此家庭、学校和全社会需要建立良好的联动机制,共同营造积极向上的网络社交氛围。全社会积极倡导社会主义核心价值观,形成良好的社会风气。丰富校园文化生活,用新时代富有情感和创新精神的健康文化感染大学生,提高大学生的自信心与自尊心,为大学生健康的网络社交行为打造良好的校园文化影响力。家庭教育应积极配合学校的教育工作,在日常生活交流中慢慢滋养大学生的网络社交素养,充分发挥好家庭在大学生网络社交氛围营造中的重要协调作用。

3. 加强法律法规建设,明晰评价体系

2015年12月,习近平在第二届世界互联网大会开幕式上强调:"网络空间不是'法外之地'。网络空间是虚拟的,但运用网络空间的主体是现实的,大家都应该遵守法律,明确各方权利义务。要坚持依法治网、依法办网、依法上网,让互联网在法治轨道上健康运行。同时,要加强网络伦理、网络文明建设,发挥道德教化引导作用,用人类文明优秀成果滋养网络空间、修复网络生态。"立体化的治理需要来自个体本身的自律和来自外界的他律,健全的法律法规可以为大学生的网络社交提供强有力的外在保障,虽然一些关于网络治理的法律法规陆续出台,但是面对瞬息万变的网络环境,现有的法律制度体系仍旧存在漏洞,网络安全技术仍旧存在短板,能够有效应对新形势、新问题的相关法律法规仍需进一步完善。

除了外在强有力的法律手段,网络伦理与网络文明建设同样重要。中国人民大学李萍认为:网络伦理具有调解、教化规约和激励引导的作用,还可以通过更加精确、更具有时代感和现实针对性的行为准则来确立、重建当代中国人的观念共识和价值认同。网络伦理的核心要素是网络伦理规范与网络伦理德性,前者解决人在网络世界行为的善和道德价值的问题,后者解决人在网络世界自我认同的德和人格统一性的问题。网络伦理建设就是要发掘并提升内在于网民心间的朴素道德需要[56]。加强全社会公民的道德建设,为全体网民践行、检验、修正道德评价体系提供畅通渠道与平等发言权。同时加大网警对网络社交中违背公序良俗、挑战道德与法律底线等不良现象的监管与整治。鼓励网络开发运营机构通过实名注册、匿名举报、身份验证等手段加强技术监管。

第五章
大学生网络学习行为及引导

互联网时代,依托网络应运而生的教育方式逐渐渗透到大学生学习生活中,与传统教育模式不同,网络教育具备互联网的特点与优势,教育中的各种角色关系和组织结构发生了根本变化,"互联网 + 教育"模式渗透下,在线教育、慕课、翻转课堂、微课等新兴学习模式让大学生的网络学习不再是信息的单方向传递。

厦门大学教育研究院潘懋元等认为,从教育关系规律分析,"互联网 + 教育"是高校教学改革的必然趋势,其本质内涵是一种坚持开放理念、对师生要求更高、有利于实现智慧教育目标和推动教育民主化进程的教育新模式,但是在实际实施过程中的确存在一些不可避免的困难与毋庸避讳的问题,仍然面临着个性化学习质量难以保障、复杂性思维教学难以实现、在线学习成果认证依旧困难、网络资源可能沦为"数字废墟"等挑战[57]。

一、网络学习概况

1. 我国网民网络学习概况

根据 CNNIC 发布的统计数据可知,截至 2019 年 6 月,我国网民使用在线教育应用用户规模达 2.32 亿人,使用手机在线教育应用的用户规模达 1.99 亿人,相比于 2018 年,在线教育应用的用户规模增长幅度最大,尤其是人工智能技术的崛起为个性化在线教育提供了强劲的发展驱动力,在线教育平台依托人工智能和大数据分析,不仅提高了教育的针对性、趣味性,还为用户提供了最佳个性化学习方案[1]。图 5.1 是 CNNIC 公布的 2015—2019 年我国网民在线教育和手机在线教育使用率情况,从图中可以看出,近几年我国在线教育用户规模不断增大,使用率不断提升,尤其是手机在线教育用户规模增速明显,使用率提升速度较快,2015 年我国网民手机在线教育使用率占所有在线教育使用率的 53.75%,2018 年我国网民手机在线教育使用率占所有在线教育使用率的 97.94%,可见手机在线教育的发展势头非常迅猛[1-2]。

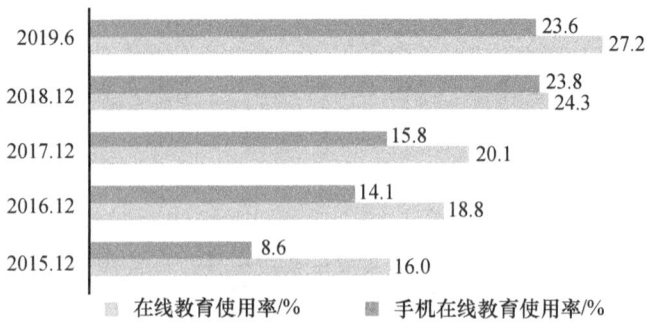

图 5.1　2015—2019 年我国网民在线教育和手机在线教育使用率

图 5.2 是国家统计局公布的 2010—2018 年我国网络本专科学生在校人数,从图中数据可以看出,2010—2018 年,我国网络本专科学生在校人数持续增长,其中网络本科在校人数增长了 72.26%,网络专科在校人数增长了 87.85%,网络教育的认可度提升明显。

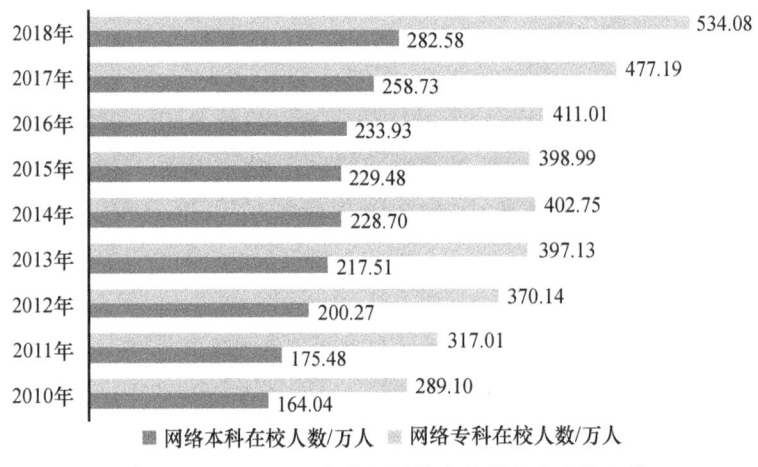

图 5.2　2010—2018 年我国网络本专科学生在校人数

根据前瞻研究院的调查数据,2012—2018 年,我国在线教育行业市场规模呈持续上升趋势,尤其是自 2015 年之后上升速度更快。图 5.3 是 2012—2018 年我国在线教育行业市场规模,2012 年,我国在线教育市场规模为 701 亿元,2018 年,我国在线教育市场规模达到 2336 亿元,市场规模增速明显[58]。

随着互联网的发展、网络学习习惯的养成、市场推广的持续深入,预计未来几年,我国在线教育市场规模和用户规模均呈现明显增长趋势。图 5.4 和图 5.5 分别是前瞻研究院预测的 2020—2024 年我国在线教育行业市场规模和用户规模,从预测数据可以看出,到 2024 年,我国在线教育行业市场规模预计达

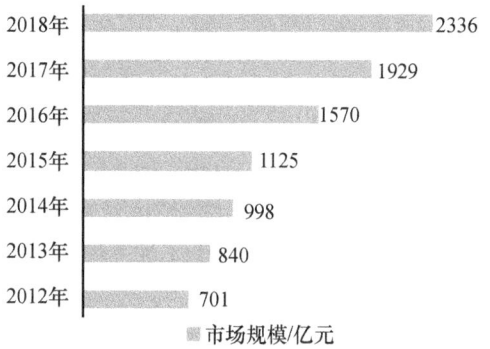

图 5.3　2012—2018 年我国在线教育行业市场规模

4541 亿元,用户规模预计达 4.13 亿人[59]。

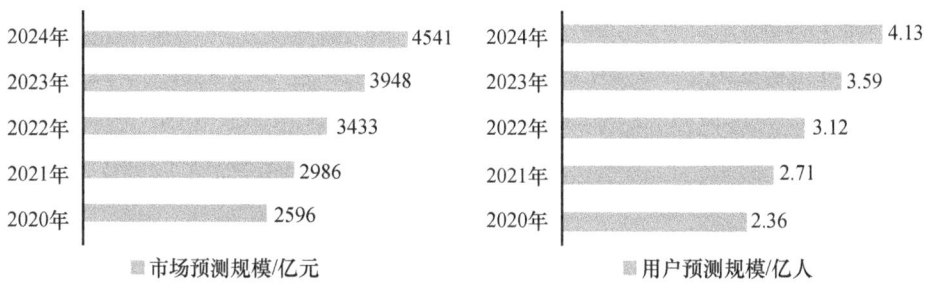

图 5.4　2020—2024 年我国在线教育行业市场预测规模

图 5.5　2020—2024 年我国在线教育用户预测规模

2. 大学生网络学习概况

在整体"互联网＋教育"迅速发展的大形势下,作为渴望接受知识、熟悉互联网应用的大学生群体,更是搭上了网络学习的快车,成为网络学习大军中的重要群体。

根据艾瑞咨询发布的调查数据[60],2017 年我国在线学习的大学生中男生占比 58.0%,女生占比 42.0%,高校本科大学生的在线学习人数最多,占比 73.5%,大学专科在线学习人数占比为 7.5%。就地区分布而言,北京地区在线学习大学生人数占比 19.9%;其次是广东,在线学习大学生人数占比 18.5%;上海地区在线学习大学生人数占比为 10.7%;另外,福建、江苏、河北、山东、湖北、浙江和四川等地大学生在线学习人数也较多。就城市类别而言,在线学习的大学生中,30.9% 来自一线城市,24.5% 来自新一线城市,17.3% 来自二线城市,14.5% 来自三线城市,12.8% 来自四线及以下城市。就大学生所在学校类型分布而言,普通一本院校的大学生在线学习人数最多,占比 30.1%,211 高校的大学生在线学习人数占比 23.5%，普通二本院校大学生在线学习人数占比 22.2%，985 高校的大学生在线学习人数占比 18.6%，大专院校在线学习人数占比 4.9%。不同学科专业的大学生在线学习的人数占比不同，工学、管理学和经济学专业的大学生在线学习人数较多，尤其是工学男生和管理学女生在线学习的人数较多。由于互联网的便捷性和开放性，大学生参与在线学习跨越了传统课程学习的时间和地域限制，呈现出时间随时、地域不限的自由化学习状态，手机和电脑成为大学生在线学习的重要学习设备。根据艾瑞咨询的统计数据，73.7% 的大学生每周在线学习超过 3 次，63.3% 的大学生每次在线学习时间超过 1 小时，休息日大学生在线学习时间主要集中于 9：00—12：00 和 18：00—21：00，工作日在线学习时间的主要集中在 18：00—21：00 之间。

二、大学生网络学习平台

安徽大学范颖总结了"互联网＋教育"时代背景下，大学生新型学习方式主要包括泛在学习、混合学习、定制学习、社群学习、沉浸式学习和休闲学习等六种形式。表 5.1 列出了大学生六种新型学习方式的理论基础、技术运用、主要特点、环境要求和应用实例等基本属性[61]。

表 5.1 大学生新型学习方式的基本属性

性质	泛在学习	混合学习	定制学习	社群学习	沉浸式学习	休闲学习
理论基础	情境认知理论、联通主义理论	认知主义理论、行为主义理论、人本主义理论	多元智能理论、分布式认知理论、行为主义理论	互动理论、心流理论、协同学习理论	社交媒体理论、情境认知理论、建构主义理论	终身学习理论、自我完善理论、社会参与理论
技术运用	泛在计算技术、数字化技术、移动通信技术	信息技术、交互技术、移动互联技术	云技术、大数据、AI	移动通信技术	VR、AR、MR	数字化技术
主要特点	永久性、即时性、移动化	倡导主动探索，重视师生互动	个性化、人性化、智能化	灵活、交互、主动	注重学习体验、仿真模拟、沉浸式体验、基于协作的社会学习	以学习体验为中心，具有碎片化、游戏性特征
环境要求	无限制	传统教室、多媒体环境	智慧学习环境	虚拟网络	Web 3D 环境	无限制
应用实例	微课、网络直播	翻转课堂、MOOC	腾讯课堂、云私塾、网上人大、ABC360	微信群、QQ 群或讨论组	虚拟实验室、STEAM 课程	网易公开课、喜马拉雅

1. 在线教育平台

自2012年网易云课堂和2014年腾讯课堂创立以来,我国在线教育市场蓬勃发展,演化出多种形式的在线教育商业模式。

(1)B2C商业模式

B2C模式在线教育平台是当下最普遍的在线教育模式,从刚开始的课程录播到如今录播、直播并用,从原先的大班授课到当前一对一、小班授课、大班授课混合,B2C模式的授课场景与授课形式在不断演变,以满足用户不同的学习需求。平台本身是教育内容输出者,多以相对垂直的教育领域如语言培训、职业培训、技能培训等为主要课程产品,标准化程度较高,课程质量有保障,用户可以重复观看课程内容。如91外教网、51 Talk、新东方、正保远程教育等都属于这一类。

(2)C2C商业模式

C2C平台模式本身不是课程产出方,而是作为第三方为用户提供学习资源的平台,平台与教育机构或个人合作,吸引教师团队或个人入驻平台,在这里任何个体或组织都可以发布教学内容,没有统一的标准,依托平台老师向用户提供直播或点播形式的教育课程。该模式的本质是建立教育输出与教育输入两者之间的供需联系,输出教育的一方通过平台收取费用,同时也为平台吸引更多的教育输入方以获取更多客户资源。这种模式不需要平台自身提供相对严格的统一服务标准与教育内容,不需要对教育服务承担过多责任,只要搭建好平台架构就可以运转。在这种运作模式下,平台本身不是教育输出方,只是中间商,以平台人工审核为主要把关环节的C2C模式很难掌控课程质量以及用户体验等。如客群主要集中于年轻人的荔枝微课、Helpouts、多贝网等属于C2C模式。

"微课"一般是老师将录播或直播的视频、课件、语音等内容以相对精简轻量的方式输送给用户,课程学习时间较短(通常在20分钟左右),学习内容精炼集中,学习容量相对小巧,因此便于满足手机端用户的学习体验。零散而碎片化的学习资源课程内容不成固定的体系,对于学习效果没有评定标准,学习过程对用户的自律性有较高的要求。

(3)B2B2C商业模式

这种模式既包括与线下教育机构的合作,也包括教师入驻平台,是一种B2C模式与C2C模式的综合衍生模式。为了实现在线教育与培训,教学场景与B2C一样均采用线上教学,但是B2C更多偏向于单个垂直领域,B2B2C模式可以实现多个垂直领域的聚合。作为第三方教育平台,该模式可以将教育输出方与教育输入方进行需求链接,通过提供优质的教育服务将教育内容变现。与零散碎片化的轻知识付费平台不同,该模式的用户既能接触涉及垂直教育领域、拥有丰富教育经验和资源的在线教育企业,又可以接触低成本流量多、品牌知名度高、用户群体庞大的在线教育巨头。如综合性在线知识学习平台 CC Talk。

（4）公开课模式

慕课（MOOC）是一种大规模开放在线课程，与传统高校课程类似，MOOC通过系统化的学习，帮助学生慢慢掌握课程知识。MOOC囊括了众多学科的内容，课程覆盖范围广，对自然科学、社会科学、人文科学都有涉及。绝大多数 MOOC 课程是免费的，无论学生身在何处，通过 PC 和网络都可以以相对低廉的成本获得知名大学的一流课程。集中于某一门 MOOC 课程的授课者与学习者通常有一个共同的关注话题，虽然没有特别的学习要求，但是慕课学习者要参加每周研讨话题和测验。如国外的 Coursera、Edx、Udacity、Ocwc 等，国内的中国大学 MOOC、学堂在线、慕课网、酷学习、清华在线、德上慕课、果壳网等。

基于共享的原则，网络公开课是通过网络虚拟空间进行的线上课程，这里汇集了全球多所名校的课程资源，教育内容非常丰富，用户可以足不出户就能体验顶尖学府的课程教学。如网易公开课、网络大讲堂、TED 公开课、复旦大学公开课等。

2. 智慧课堂

（1）互动课堂

作为"互联网+教育"的新模式，智慧课堂在智慧教育领域提供了全新的应用场景。互动课堂以学生为中心，老师与学生的关系和相互作用被调节，从而凸显学生的主体地位，课堂上人与环境的交互影响被强化，学生自身能力被激发。随着"互联网+"的发展，互动课堂包括实体互动课堂、在线互动课堂、云课堂和泛在课堂四种类型。实体互动课堂通过视频、语音、智能终端与传统课堂结合实行互动教学，在线互动课堂通过构建实时在线交互系统进行互动教学，云课堂是基于云计算技术、不受空间限制、可同时承载线下与线上课堂的教学形式，泛在课堂是包括实体课堂、在线课堂、云课堂和课外学习的系统[58]。

（2）VR/AR 课堂

通过 VR 眼镜、AR 终端等技术在教学领域的应用，以用户沉浸式体验为优势的 VR/AR 课堂有效提高了用户的感知度和保留度，实现了更为直观的教学模式，目前主要应用于早教、K12、职业培训和高校教育，随着计算性能的提高、内容的不断丰富、使用成本的降低，未来 VR/AR 课堂的发展前景十分广阔，预计 2020—2022 年全球 VR 教育市场将以超过 50% 的增长率增长[58]。

（3）全息课堂

与 VR/AR 课堂相似，全息课堂是依托全息屏、全息眼镜、全息 3D 投影等技术，将用户"沉浸"在更直观、更生动的教学环境中，具有超强的虚实一体与虚实交互能力，目前仍处于起步阶段，面临着技术突破、使用成本高、产业链不完善、内容资源少等难题[58]。

三、大学生网络学习行为的特点

1. 学习内容方式多样化

市场多元化发展的大形势下,各个领域的网络学习平台蓬勃发展。这里以在线教育平台为例,分析大学生可以选择的网络学习方式。综合性在线教育平台如新东方在线、沪江网校、有道精品课、腾讯课堂、网易云课堂、CC Talk 等,高等教育平台如尚德机构、弘成教育、奥鹏教育、学堂在线、中国大学 MOOC、课程格子、考研帮、文都考研、海文考研等,语言教育平台如 Hi talk、Tutor ABC、沪江、考虫、日本村、早道网校、欧那教育等,职业培训平台如 51 CTO 学院、麦子学院、厚大在线 360、正保医学教育网、中华会计网校、东奥会计在线、蓝铅笔、华图在线、嗨学、UNCAREER 等,留学培训平台主要有留学咨询、51 offer、立思辰、朗播、智课、小站教育、新航道、顶上英语等[59]。

大学生网络学习主题主要涉及职业资格、工作技能、语言类、新媒体类、兴趣爱好、素质拓展、创业、考研、考公、留学等方面。图 5.6 是 2018 年我国大学生参与不同主题在线教育培训人数占比情况,从图中数据可以看出,大学生参加线上职业资格培训的人数最多,人数占比 35.22%,29.44% 的大学生参与工作技能线上培训,24.95% 的大学生参与在线语言类培训,16.78% 的大学生参与在线新媒体类培训,16.44% 的大学生参与在线兴趣爱好类培训,15.15% 的大学生参与在线素质拓展培训,另外,参与在线创业、考研、考公培训的大学生人数占比在 10% 左右。根据调查数据可知,28.90% 的大学生选择线下大班授课,28.68% 的大学生选择线上直播教育培训,17.09% 的大学生选择线上录播教育培训,

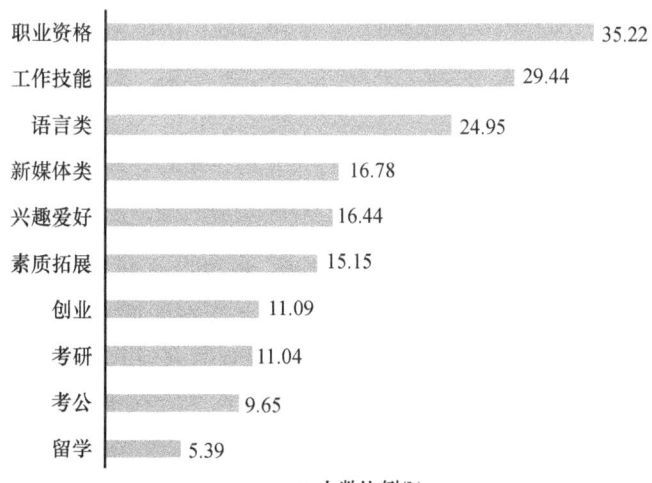

图 5.6 2018 年我国大学生参与不同在线教育培训人数占比

15.41%的大学生选择线下小班授课,5.77%的大学生选择线下一对一辅导培训,4.15%的大学生选择线上一对一辅导培训[18]。虽然大学生可以选择的网络学习形式有很多,但参加线上教育培训的大学生中超过半数大学生选择直播的方式。

2. 网络学习需求炽热化

2018年超过70%的大学生参加过教育培训,其中49.92%的大学生参加培训的方式为线上培训,大学生参加教育培训年人均支出为1959.06元,占大学生年均基本生活费的12.32%。大学生对教育话题的关注十分普遍,其中关注翻译的大学生数量最多,其次大学生对英语、公务员、考研、艺考、出国留学等话题的关注度也较高,可见大学生网络学习意识十分活跃,炽热化的网络学习需求大大推动了在线教育培训机构的衍生与发展[18]。

根据艾瑞咨询发布的调查数据,相比于全体网民的App使用情况,教育工具类App成为大学生群体独有的网络交流圈,大学生网络学习的需求很强。图5.7是艾瑞咨询公布的2018年我国大学生和全体网民使用的App应用小类分布情况,从图中可以明显看出,全体网民使用较多的App主要有即时通信、浏览器、在线视频、应用商店等应用,而即时通信、教育工具、网络购物、浏览器、支付等App是大学生群体使用较多的应用,教育工具是大学生群体特有的热门应用[38]。

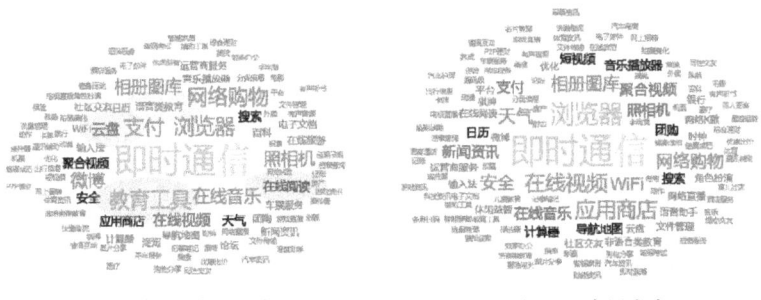

大学生App应用小类　　　　网民App应用小类

图5.7　2018年我国大学生和全体网民使用的App应用小类分布

大学生在线学习的需求呈现多样化趋势,根据调查数据,超过64%的大学生有在线语言学习课程需求,近60%的大学生有在线职业技能学习需求,近55%的大学生有兴趣类在线学习和在线大学课堂需求,36.5%的大学生有从业资格认证、考研或专升本在线课程需求,近23%的大学生有出国留学在线学习需求,人才招录在线课程的需求人数占比10.6%,有近6%的大学生有学历学位在线教育需求[60]。

3. 网络学习动机多元化

大学生参与在线学习有多方面动机,有的大学生是为了提高自身能力而学习,有些大学生是为了满足当下某种需要进行在线学习,从艾瑞咨询提供的2017年我国大学生关于在线学习态度的调查可知,56.3%的大学生表示"非常愿意通过各种方式获取知识",34.6%的大学生则表示"在有需要时愿意通过培训课程获取相关知识"参与在线学习。根据大学生在线学习驱动因素调查结果可知,85.8%的大学生为了提升个人能力参与在线学习,71.7%的大学生参与在线学习是为了学习其他名校教师的课程,61.9%的大学生因为兴趣参与在线学习,49.6%的大学生参与在线学习是为将来就业做准备,27.4%的大学生之所以参与在线学习是出于学校安排,15.9%的大学生参与在线学习是为了应付考试[60]。

4. 网络学习选择自主化

由于网络学习方式突破了时间与空间的限制,大学生可以根据自己的时间分配、学习需求、性格特点、兴趣爱好自主选择网络学习课程,每个人都有自己学习的专属账号和学习"空间",所有的学习过程均可以被记录下来。任何时间、任何地点、任何人、任何内容与任何形式的无障碍式跨越让网络学习实现了真正的自由建构式学习过程。伴随着当下学习需求的扩大和学习内容的丰富,在线教育行业领域划分更加精细化,迎合大学生各种需要的教育培训呈现遍地开花的局面。

5. 网络学习秩序复杂化

王慧运用在线学习参与量表、学习反馈量表对宁波大学的60名参与网络课程的大学生进行测量研究,结果发现大学生在线学习的参与度不高,大多数学生对在线学习的认识仅停留在关注和应付课程考评的需要层面,大学生在线学习缺乏良好的持久性与深度的互动性,36.5%的大学生认为在线学习缺乏陪同者与指导者,无法及时得到反馈而容易出现学习中断,近40%的大学生认为在线学习无法满足解决问题和获得技能的学习动机,近半数大学生认为在线学习缺乏情感鼓励与精神支持,超过52%的大学生认为在线学习投入缺乏第三方或外力的监督干预,无法实现较长时间的学习投入[62]。由于网络学习自身的特点,没有时空限制,很难做到统一的监管与评价,缺少有形的管束与限制,大学生网络学习的执行能力、自制能力、学习能力都受到了不小的考验。一些大学生参加网络学习存在急功近利的想法,为了获得某种效果或者应付考试,学习的根本任务变成了急于求成的敷衍行为,甚至有些学生为了拿到所谓的课程学分,忽略了网络学习过程中所应该了解掌握的知识,刷课、抄袭等行为滋生,学习效果很难得到保证。

6. 网络学习投入差异化

"学生投入"既包括学生在课堂活动中的参与程度,也包括课外与师生就课程学习进行的互动沟通。陆根书等基于西安交通大学3782名大学生的调查研究发现,大学生常规学习和在线学习的学生投入维度相似度较低、可替代性较弱。在常规学习中,批判思考、理解分析和课外投入的时间和精力较多,缺乏投入的情况和师生互动情况较少,学习负担相对较轻。而在线学习过程中,学生使用在线讨论、在线作业、在线阅读和视频课程的学习投入较少,在线课堂引入电影和音乐的情况相对较少,电子图书和电子文章阅读、查阅在线数据库资料的投入较多。研究以常规学生投入和在线学生投入为划分维度,将大学生按照学生投入水平的高低分为被动型、传统型、网络型、积极型等四种类型。图5.8为陆根书等提出的学生投入分类模型,调查中这四种学生投入人数占比分别为24.56%、19.49%、35.96%和19.99%,可见明显偏好于在线学习的大学生数量相对较多[63]。

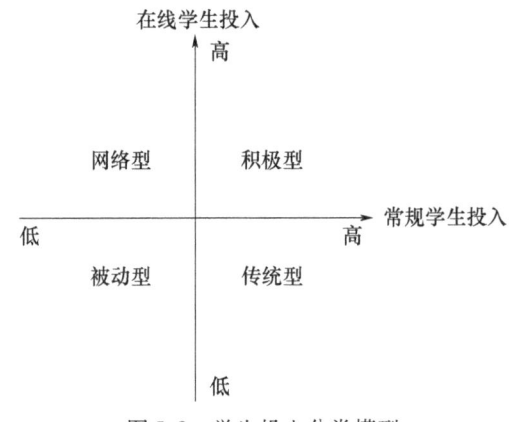

图5.8 学生投入分类模型

四、大学生网络学习行为的原因

1. 核心技术的发展提供有力支撑

在"互联网+教育"时代,由政府主导、学校和企业共同参与构建的现代教育信息化服务体系——"智慧教育"应运而生,它包括在线教育、智慧校园、智慧课堂三大板块,其本质是通过教育信息化的手段,来实现教育信息与知识的共享。教育信息化已经进入2.0时代,国家及地方政策大力支持智慧教育行业,政策支撑稳固。国家财政教育经费和社会资本投入为智慧教育提供了利好的经济环境。教育理念的提升激发了用户的教育需求,庞大的用户规模为智慧教育提供了人口红利。互联网、物联网、人工智能、云计算、大数据等技术在教育领域的不断深入融合为智慧教育的发展提供了强大的技术支撑。目前智慧教育行业在高校的应用主要包括间接辅助型(自适应学习、在线助手、直播、移动App、VR/AR教育)、直接学习型(机器人教育、3D打印教育、创客教育)、智慧校园(智慧教学资源、智慧教学环境、智慧校园管理、智慧校园服务)三种类型[58]。在线教育通常是以网络为媒介,通过网络进行教学的活动,相较于传统学习,在没有时间与空间限制的基础上,在线教育具有资源利用最大化、学习行为自主化、学习形式交互化、教学形式个性化、教学管理自动化等优势。图5.9是前瞻研究院分析的我国在线教育发展路径,从1990年之前的传统教育到2000年的数字化教育,到2010年的"互联网+教育",到2013年的"移动+教育",再到现在的"智能+教育",我国在线教育发展日新月异,发展迅速[59]。

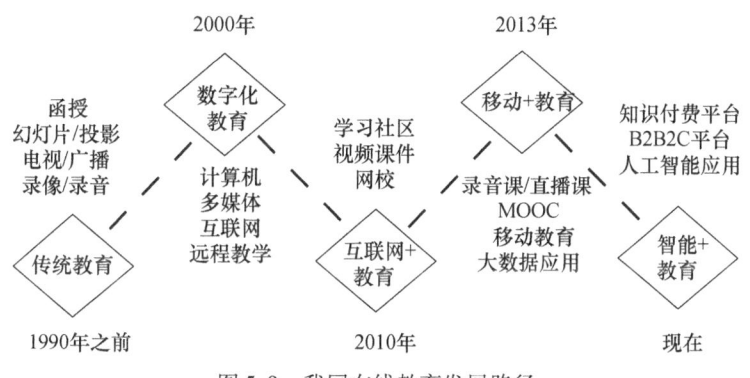

图5.9 我国在线教育发展路径

快速发展的网络教育为大学生进行网络学习提供了非常有利的条件。加之当下大学生是互联网环境中成长起来的一代,对互联网的使用非常熟悉,习惯了网络化的思维模式,更能融入网络学习过程。集合了多种教育方式、多种教育内容、多种教育需求的网络学习让大学生的自主性更高,他们积极主动走向网络进行学习"充电"。

2. 自我价值促进网络学习行为

每个人都有渴望成功的需要,即将步入竞争激烈的社会大熔炉,很多大学生对自身能力与自我价值都会有思考、有规划,考研、考公务员、考编制、留学或创业,未来发展何去何从成为多数大学生面临的现实问题,一些大学生当前所学专业并非能完全满足自身发展的需要,为了实现心中的理想,有些大学生会选择通过网络学习不断"充电"。还有一些大学生对自己所学专业并不感兴趣,与自己的理想职业差之千里,迫于专业培养计划固有安排的限制,他们将发展的突破口放在网络学习上,通过网络培训他们可以根据自己的喜好与规划自主选择学习内容和学习方式,为实现自我价值提前做足功课。

3. 商业化运作影响学习动机

市场经济体制的运行与消费主义的盛行,让不少网络学习机构将更多的精力放在商业盈利上,而忽视了教育本身的深刻内涵与社会责任,一些在线教育平台将成立之初的精品化、定制化、个性化、差异化等教育核心理念抛之脑后,为了获得更多的成本流量和学习用户,迎合用户的急切心理,流于形式或直接演变成速成培训或应试辅导的商业机构,同质化现象严重,商业化趋势明显,甚至有些平台出现刷单作假的行为,教学质量难以保障。大学生在这样的环境氛围中,自然会被急于求成的思想"洪流"所影响,一些学生选择网络学习的动机变得功利化。

4. 约束乏力消磨网络学习自律

网络学习平台的商业模式,尤其是除了 B2C 之外的一些平台,缺乏统一的评定标准和有形约束力。授课老师的随意性较大,创建课程后又疏于及时更新课程内容、优化课程框架,导致网络学习课程的质量难于把控。学习者在没有清晰界定的学习标准约束下,学习自律性容易为网络中纷繁复杂的信息所干扰,碎片化的学习时间与零碎的学习内容让不少学生的学习习惯也变得零碎杂乱,很难集中精力专注地进行较长时间的学习、思考、互动、巩固,甚至变得懒于思考、怠于总结,学习停留于敷衍化的行为,在缺乏监控与约束的氛围中,刷课、抄袭等一些失范行为慢慢滋生,学习惰性被激发,学习自律被消磨。

五、大学生网络学习行为的影响

1. 网络学习行为的积极影响

(1) 拓宽知识面

大学生在学校的课堂学习相对于整个学习生涯来说仍旧单薄,渴望求知的大学生可以依托网络学习平台以最优化的学习时间获得全世界的优质教育资源,知识的覆盖面非常广,膨胀的海量知识与交叉的学科内容,让跨越时空、文化、理念、思想的教育者与学习者在网络中汇聚,最大限度地满足学习过程中所有角色的需要。

(2) 激发自律性

大部分网络学习都是老师与学生身处异地的状态,没有老师面对面的管束,学生需要发挥自己的自律性和主动性。为了达到最终的学习目的,学生需要自主设计学习过程、制定学习方案,在这个过程中,学生的自主意识被一定程度地激发,无形中大学生自我管理、自我约束、自我规划的自律性得到了较好的培养。

(3) 凸显自主性

不受制于所学专业、所处地域、所在环境,大学生可以根据自己的需求与偏好选择适合自己的网络学习渠道,只要拥有设备与网络,大学生就可以享受到多样化的学习资源。与传统的课堂"灌输"模式相比,网络学习更注重学生的主体地位,更关注学生的学习体验,更融合学生的思考与创新。对于成长在互联网环境的Z世代大学生而言,他们更需要这种灵活化、个性化的学习体验,学生的自主性得到了较好的体现。

(4)弥补资源失衡短板

大学生就读高校的层次取决于高三毕业后的高考成绩,因为高考成绩不理想,一些大学生错失了高水平学校的优质教育资源,加之我国高校教育资源存在区域不平衡的情况,更多优质资源主要集中于一、二线城市,对于经济发展相对落后的地区,教育资源相对匮乏。而网络学习在一定程度上弥补了教育资源失衡的短板,尤其是一些网络公开课、慕课,极大程度地促进了教育资源的共享。

2. 网络学习行为的消极影响

(1)琳琅满目的网络信息扰乱学生的专注力

网络学习依托于互联网环境,良莠不齐的网络信息充斥在大学生的身边,参差不齐的网络学习机构错综复杂。大学生在进行网络学习的过程中由于缺乏传统课堂的空间束缚与纪律约束,无法专注于课程学习内容,轻量化、碎片化、浅层化的学习内容更容易为消遣浮躁的娱乐性信息所干扰,注意力很难集中。

(2)碎片化的学习模式削弱学生的学习能力

网络学习没有时间限制,不受地域影响,甚至学习内容都是碎片化的,参差不齐的网络知识缺乏较好的系统性,习惯了零星琐碎的信息夹杂混乱的"快餐"知识,大学生很难建立起知识与知识之间的必要关联,归纳整理能力受影响。由于师生面对面的互动较少,学生更容易形成思维惰性,懒于思考与总结、缺乏深层次交流与体验的学习模式无形中削弱了大学生的思考能力。

(3)弱化的育人氛围阻碍师生情感交流

梁实秋在清华大学听梁启超讲解《中国韵文里表现的情感》后被深深触动,多年后回忆起来依然印象深刻,并在《记梁任公先生的一次演讲》中提到,读梁启超的文章和听他讲演的趣味相差很多,犹如读剧本与看戏之迥然不同。"听过这讲演的人,除了当时所受的感动之外,不少人从此对于中国文学产生了强烈的爱好。先生尝自谓'笔锋常带情感',其实先生在言谈讲演之中所带的情感不知要强烈多少倍!"[64]可见,传统的教学模式,除了课程讲授内容,老师的音容笑貌、步履神态都会对学生形成熏陶与影响。而缺乏实际生活交流的网络学习将老师与学生隔在了网络与电子屏幕的两端,只有冰冷知识的课堂氛围没有了师生陪伴与情感交互,育人功能弱化的网络学习模式让师生的情感交流、思维碰撞成为难题,审美、品行、意志等隐性教育知识无法渗透。

(4) 疏于管理的学习环境滋生不良学习行为

随着在线课程与传统课堂的深入融合,越来越多的课程从线下移到线上,在线课程在高校教学体量中占有越来越多的份额,早已成为高校的"标配"。据统计,当前我国慕课数量居世界首位,5000门线上课程吸引了7000万学员来选课,超过1100万人次的大学生通过慕课获得学分。调查发现,当前我国高校网络课程存在诸多问题,主要表现为:学生对网络课程的评价不高,只有十几分钟的课程可以学到的知识很有限,一些老师和学生都在照本宣科,表情僵硬情感淡漠,所讲内容在教材里都有,看书自学就能掌握;因为网络课程的测试可以实现多平台操作,很多题目能直接找到题库,学生在慕课学习过程中存在敷衍行为,播放课程视频的同时做其他事情的现象非常普遍;为了拿到高分,有的大学生通过花钱寻找"刷课"服务,10~20元并提供账号密码就能轻松拿高分,"既省时又省心";大学生不仅找人"刷课",还有一些大学生直接担任"刷课"平台的学生代理,由于网络环境的约束力有限,大部分在线课程对学习过程没有强制要求,如此庞大的在线课程容量带动了"刷课"灰色产业链,花钱就能拿高分的诱惑对很多大学生来说很难抗拒。针对大学生线上课程"刷课"现象,湖北曾经对部分高校74名选了在线课程的大学生随机做了问卷调查,结果有66%的大学生表示会通过"朋友介绍刷课平台、淘宝上搜索购买、高校供需撮合平台QQ群、挂机"等方法进行"刷课"行为[65]。可见大学生在线课程"刷课"现象愈演愈烈,必须加以整治。

案例1

周某是某高校大学生,选修了网络公选课《敦煌艺术》,由于上学期期末考试中只考了50分,第二学期需要重修,挂科后的他通过一个QQ群联系了"刷课"代理,花了10元钱购买了"代学习""代考试"的"刷课"服务,给对方提供账号和密码后轻松拿到了98分的成绩。据周某说,每到新学期初选课和期末考试的时间,校内的一些QQ群里就被"慕课代刷""专业代看网课""包考试""分数95+"等广告霸屏。他所在的高校仅2019年上半年就开设了81门网络课程,与线下选修课相比,很多大学生更喜欢网络课程,因为网课的学分更容易拿,甚至不用花费自己的时间和精力,只要交上钱就能轻而易举拿到很高的分数。

六、大学生网络学习行为的引导

1. 引导大学生树立正确的学习观

正确的价值观是抵御一切风险的最本质保障,无论是传统课堂还是线上学习,大学生都应该摆正学习态度,学习不是为了简单的拿学分、争名次、求毕业。目前各大高校的网络学习课程主要集中于公共选修课,这些课程与学生的兴趣爱好更加贴合,获得相应的分数固然重要,但是从课程中找到自己想涉猎的知识更有价值。即使现在有很多的"刷课"服务,但是面对灰色服务能守住自己的道德底线,"众人皆醉而我独醒"的人格魅力才是大学生应该有的个性与坚守。

高校层面通过多种渠道强化大学生的诚信意识,将大学生的诚信意识纳入高校管理体系,通过制度学习强化学生的诚信感知力,加大诚信宣传,树立大学生熟悉并认可的诚信典范,线下线上共同营造良好的诚信文化氛围。建立诚信激励机制,完善诚信监督机制,加大对大学生在线学习和考试过程中出现的失信问题惩戒力度,从源头上解决网络学习过程中的思想问题,让大学生"不敢应付、不想应付、不能应付"。

2. 明确成就目标定向,促进正向自我调节

国内外学者研究表明,成就目标定向和自我调节对大学生在线学习投入均会产生影响。辽宁师范大学黄庆双等通过问卷调查分析和结构方程法探讨了成就目标定向中掌握目标定向、成绩接近目标、成绩回避目标等维度对大学生在线学习投入的认知、情感和行为投入要素的影响。研究结果发现,大学生在线学习基本能完成学习要求,但是整体学习投入处于中等水平,掌握目标定向、成绩接近目标和成绩回避目标均可以有效预测大学生在线学习投入水平,三者的影响程度依次递减,并通过负向自我调节的学业拖延间接影响在线学习的认知、行为和情感投入水平。因此,引导大学生明确在线学习的目的意义和学习目标,提升大学生的掌握目标定向和成绩接近目标,降低成绩回避目标,可以有效减少大学生在线学习过程中的学业拖延行为,提升大学生在线学习投入水平[66]。

3. 加大监管力度,提高预警和干预精准度

作为网络学习的输出方,无论是网络学习平台还是提供教育资源的老师,都应该加强对学生在网络课程中的行为监管,网络平台和高校老师都有责任保证网络课程公平的学习秩序,无论是技术、管理和监督,都应该加大力度。针对"刷课"屡禁不止的现象,教育平台可以通过指纹录入、人脸识别、IP监控等技术强化监管。高校领导层面应加大对网络课程"刷课"行为的重视,否则很难保证各门网络课程老师的监管自觉性。近年来,国内一些高校针对"刷课"行为采取了相应的对策。2018年1月15日,临沂大学教务处联合智慧树在线平台公司,查出了320名同学存在刷课行为,刷课达551人次,相关同学已经被取消课程成绩,要求写1000字书面检讨,取消本学年评优资格,并进行全院通报。临沂大学教务处表示今后每学期期末会同时在智慧树和尔雅平台上开展刷课监督,发现学生利用第三方软件刷课或者找其他人代课,将按照规定给予处分,对于情节严重的,将给予开除学籍处分。2019年7月5日,广西大学教务处通过网络课学习平台的防作弊系统,检测到有220名学生存在使用刷课软件进行挂机刷课或通过非正常途径考试作弊自动完成考试甚至提前考试等行为,教务处对相关同学的名单予以公示,并清零学习记录,相关课程成绩记零分,对于连续两个学期均有不良记录的同学将列入网课选课黑名单,以后将禁止其再选修网络课程。

舒莹等采用朴素贝叶斯分类器作为研究预警模型,跟踪识别大学生在线学习中结构化外显信息和非结构化内隐信息等行为数据,对处于学习危机的大学生聚类分组后采用邮件通知人工干预和在线学习支持环境自动干预措施,结果发现朴素贝叶斯网络算法可以有效提高大学生在线学习危机预警的精确度,人工干预和自动干预两者的效果差别不大,均可以有效提升大学生对学习危机风险的意识,从而改善学生的学习状态和学习交互,促进大学生提高在线学习的投入水平,改善在线学习效果[67]。

4. 增强课程吸引力,提升课程交互性

根据专业"刷课"代理反馈,即使有网络平台的检测和高校层面的监管,"刷课"现象也并不会受到较大影响,一般老师明知道有不良行为却懒得管理,总有软件开发者可以找到应对检测的办法,网络平台的检测一般都是暂时性的。管理、监督、惩治作为应对网络学习不良行为的外界约束手段并不能达到根治的效果,真正想从根源上杜绝"刷课"现象,很重要的一点就是提高网络课程自身的吸引力,通过提高课程内容质量,及时补充新鲜知识,尤其是大学生感兴趣的知识补充非常重要,用课程的魅力吸引学生愿意学、主动学。2018 年 6 月 21 日,教育部部长陈宝生在新时代全国高等学校本科教育工作会议上第一次提出:"真正把'水课'转变成有深度、有难度、有挑战度的'金课'。"[68] 2018 年 8 月,教育部印发了《关于狠抓新时代全国高等学校本科教育工作会议精神落实的通知》(教高函〔2018〕8 号),提出:"各高校要全面梳理各门课程的教学内容,淘汰'水课'、打造'金课',合理提升学业挑战度、增加课程难度、拓展课程深度,切实提高课程教学质量。"教育部高等教育司司长吴岩认为"水课"是低阶性、陈旧性的课,是教师不用心上的课,"金课"是有高阶性、创新性和挑战度的课。可见提高课程质量,打造学生真正喜欢的"金课"才是提高课程黏性、提升学习效果的有力措施。

徐晓青等通过分析学习交互(学习者与学习者之间的交互、学习者与教师之间的交互、学习者与学习内容之间的交互)、互联网自我效能感、自我调节学习等三大变量与大学生在线学习满意度的关系,发现学习者与学习内容之间的交互对大学生在线学习满意度影响最大,自我调节学习的影响程度次之,学习者与学习者之间的交互对大学生在线学习满意度几乎没有影响,可见提高大学生与在线学习内容的交互性可以有效提高大学生在线学习的满意度[69]。陈宇芬针对大学生基本属性、学习资源、学习平台和学习交互等因素研究大学生在线学习的满意度,研究结果发现,活动丰富的课程资源、设计精良的学习平台、良好通畅的师生互动、学生喜欢的交互工具均可以提升大学生在线学习满意度,增强在线学习效果[70]。左秀娟通过描述统计分析方法,对学习者四类在线学习行为序列进行学习效果表征,结果发现,课程访问行为、资源学习行为、测试学习行为和讨论参与行为均与在线学习成绩显著相关,以学习群体协作方式的讨论参与行为序列对学习效果的影响最大,可以有效促进大学生知识构建和内化,因此合理设计组织在线学习的讨论参与活动、组织开展资源学习活动、增加拓展练习和测试环节可以有效促进学生的在线学习效果[71]。

第六章
大学生网络工作行为及引导

网络不仅为大学生的价值建构、生活消费、人际交往、学习发展提供了广阔的空间与机遇,也为大学生工作提供了无限可能。尤其是对于熟悉互联网环境、掌握互联网知识、拥有互联网思维的大学生,网络成了他们工作过程中的必要角色。本章节所说的"网络工作行为"是指通过互联网进行求职、兼职、创业等活动的行为。

一、大学生网络工作类型

1. 网络求职

近几年,我国互联网招聘行业蓬勃发展。图 6.1 是 Analysys 易观发布的 2017 年第三季度至 2019 年第三季度我国互联网招聘市场规模情况,从图中数据可以看出,我国互联网招聘市场同一季度的市场规模均呈递增趋势,以第三季度为例,2017 年第三季度我国互联网招聘市场规模达到 22.6 亿元,2018 年第三季度我国互联网招聘市场规模达到 29.7 亿元,2019 年第三季度我国互联网招聘市场规模达到 29.8 亿元[72]。正是网络招聘行业的迅速发展为大学生网络求职提供了丰富的工作资源。

随着高校招生规模的不断扩大,高校毕业生数量逐年递增,大学生就业压力随之加剧,"最难就业季""史上最难就业季""更难就业季"等字眼随着毕业生规模的扩增也在不断发生演变。图 6.2 是国家统计局和教育部公布的 2015—2020 年我国高校毕业生人数,2015 届毕业生数量为 736 万人,后续几年以平均每年 25 万人的数量递增,尤其是 2020 届高校毕业生预计将达 874 万人,同比增加 40 万人,再创历史新高。除了校园招聘会、西部计划、征兵工作、师长与亲朋好友推荐,很多大学生会选择通过网络寻找就业出路,庞大的毕业生规模带动了网络招聘的繁荣景象。由于网络求职的速度快、成本低、范围广,与大学生求职需求相匹配的各大求职网站、手机 App、微信公众号等成为就业季的应用热门。

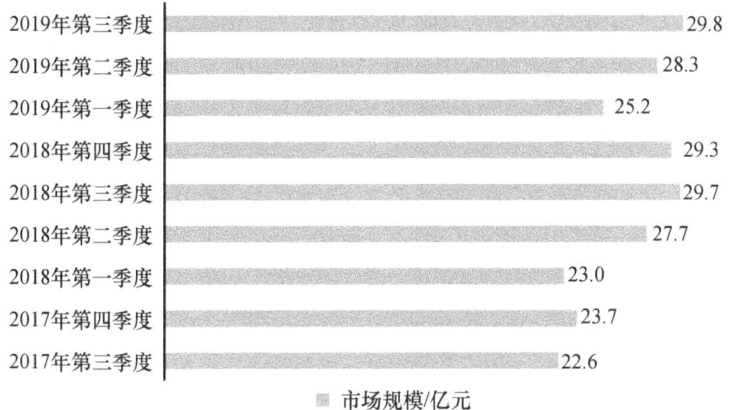

图 6.1　2017Q3—2019Q3 我国互联网招聘市场规模

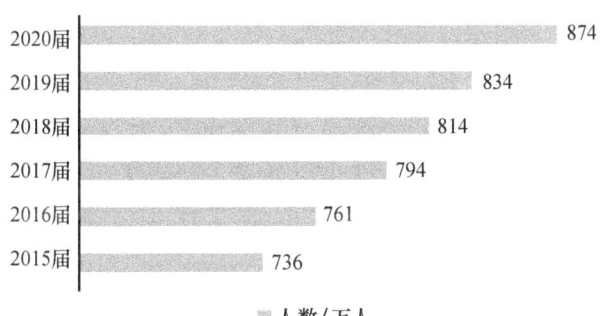

图 6.2　2015—2020 年我国高校毕业生人数

目前,大学生常用的网络求职资源主要分为以下四种。

一是以教育部和各省市教育厅主管,由全国高等学校学生信息咨询与就业指导中心以及各省市高校毕业生就业指导中心运营的网络求职资源,主要服务于全国及各省市高校毕业生、用人单位。新职业网是由教育部主管、全国高等学校学生信息咨询与就业指导中心运营的公共就业服务平台。地方上各省市大学生就业网站非常健全,如北京市的北京高校毕业生就业信息网,江苏省的 91JOB 智慧就业,湖北省的湖北高校就业网络联盟,黑龙江省的大学生就业创业服务平台等。这一类网站资源由于是权威机构部门牵头负责,信息资源的可信度高、覆盖面广。

二是全国各大高校就业指导中心官方网站、微信公众号等,一般主要负责各高校本专科学生和研究生的就业指导、服务和管理工作,以及在校生的职业发展教育。这一类资源更多地针对学校自身的定位与学生的特点,同时往往与学校所在的地方政府和企事业单位建立长期的校城合作关系,具有较强的地域特色。

这些高校的就业资源和管理服务体系都具有系统化、专业化、特色化、精细化的特点,可信度高,针对性强,就业资源相对有保障。

三是由社会组织或个人成立的相关网络平台,有些是专门针对高校或应届生的相关网络资源,包括网站和手机 App 等形式,如校联人才网、应届生求职网。有些是面向全社会的综合性就业服务资源,如中华英才网、BOSS 直聘、前程无忧 51Job、智联招聘、猎聘网、椅子网、招财猫、斗米网、同城招聘、58 同城、赶集网等。这一类网络资源的特点是信息量大、面向群体复杂、移动端使用深入、可信度相对较低、就业资源质量参差不齐等。

四是通过网络自媒体渠道提供的就业资源,如微信群、朋友圈、QQ、QQ 空间、新浪微博等,这一类就业信息资源提供的信息比较零碎,可信度低,面向的群体非常冗杂,甚至有些虚假信息掺入。

2. 网络兼职

大部分高校大学生面临着消费欲望强烈与经济基础有限的矛盾,除了家庭供给,很多大学生通过兼职获得额外的经济收入。调查数据显示,34.34% 的大学生通过校外兼职赚取生活费,5.22% 的大学生通过自媒体渠道,借助直播等方式进行自由兼职,3.64% 的大学生通过开网店、微商、代购等方式赚取生活费[18]。做兼职已经成为在校大学生非常重要的经济来源之一,与传统兼职相比,网络兼职受地域、时间的影响相对较小,在交通、时间等方面的成本较低,因此有很多大学生选择网络兼职。

目前,大学生获得兼职信息的渠道除了线下广告宣传、朋友介绍等,最主要的渠道是网络。网络兼职信息的获取类型主要包括以下几种:一是集中了大量兼职网络机构信息的大型综合性网站,如成立于 2009 年 7 月的上上兼职网是国内规模较大的兼职网站平台之一,该网站提供了全国、直辖市、华东、华南、中南、东北、华北、西南、西北及其他等十大地域,4 个直辖市,27 个省份,3 个特别行政区的兼职网站,覆盖范围几乎涉及全国各地,兼职类别划分为全国兼职、威客兼职、兼职网赚、兼职论坛、调查兼职、兼职家教、App 兼职等七大类,兼职工作的类别包括打字编辑、兼职发帖、代理合作、网络推广、程序开发、平面设计、网络调查、游戏视频、打码兼职、其他兼职(如送餐员、发传单、试药员、服务员、主播网红视频达人等涉及生活的方方面面)。二是提供兼职信息的网站,如一米兼职网、前程无忧 51Job、58 同城、赶集网、1010 兼职网、斗米网、蜗牛兼职网等;提供兼职信息的 App,如口袋兼职、掌上兼职、兼职猫、兼职咸鱼、兼职兼客、土豆兼职等。三是依托自媒体以文字、视频或直播的方式向大学生提供的兼职信息,如微信、QQ、新浪微博等。

大学生网络兼职的类别非常多样,主要是依托网络进行工作的一种兼职模式,工作过程通过网络媒介实现。根据所需要的变现渠道,大学生网络兼职大致可以分为以下几种：一是通过上传原创的文字、图片、视频、音频等信息赚钱，文字类如百度知道合伙人、道客巴巴、360doc 个人图书馆、百度文库等；图片类如中国图库、视觉中国、东方 IC、美好景象等；平面设计类如昵图网、汇图网、千图网、开三云匠网、微信表情开放平台等；视频类如抖音、快手、火山小视频、YouTube 等；音频类如喜马拉雅 FM、配音秀等。二是通过知识变现，如在知乎、在行、知识星球、悟空问答等网站回答问题；或是在网易云课堂、腾讯课堂、荔枝微课、传课网等网络课堂注册成讲师上传课程；或是在有道翻译、快译猫、译喵网等翻译网站做兼职译员；或是在微擎、程序员客栈、解放号、云沃客等编程网站做兼职程序员等。三是依托电商平台通过卖苦力挣钱，如京东众包、蚂蚁微客、众人帮、微差事、阿里众包、美团拍店、时间财富、百度地图淘金、高德地图淘金等。四是依托自媒体平台，如在今日头条、一点资讯、搜狐自媒体、网易自媒体、百度百家、企鹅号、大鱼号、知乎、简书、豆瓣等平台通过上传原创作品吸引粉丝而获得收益。

互联网的发展衍生了一些新型的网络兼职类别，这里重点分析微商、代购、主播、平台代理等四种类型。

(1) 微商

微商作为社会化分销平台，是在移动互联网空间中，通过微信、QQ 空间、V 店等网络社交软件，以亲身体验或朋友推荐为营销亮点。微商由于门槛极低、节省时间、操作方便备受大学生群体青睐。做微商代理的大学生在获得某品牌产品代理授权的基础上通过线上推广销售而获得收益，目前大部分大学生微商代理的产品以美妆产品、生活用品、食品饮料、数码产品等零售商品为主。2016 年人人网的调查结果显示，约 45% 的大学生曾经通过微信购买过同学的产品，超过 30% 的大学生表示如果有机会可以尝试成为微商。一项关于微商的行业调查显示，我国超过 80% 的微商采用代理层层分销的模式，只有 20% 的企业与个人通过微商正规卖货[73]。

案例 1

2014 年，大一新生小蘑菇（网名）开始接触微商，那时大部分学生利用业余时间去打工，早出晚归，微商的时间比较自由，于是她抱着试试看的心态开始找上家、发广告，很快有了第一单。由于想法简单，只是为了赚钱，她没有考虑产品质量问题，哪怕对产品毫无了解，却凭借人脉一个月获得了 3000 元的收入。

(2) 代购

代购通常是指为客户在网上订购、打包、配送商品，从而收取定额服务费。随着网购消费方式的盛行和海淘市场规模的不断扩大，国人对国外商品的需求不断增长，尤其是一些化妆品、名牌包包、高档电子产品等，在这样的市场大背景下，不少出国留学或交换的大学生抓住这一商机，利用自己的地域优势为别人购买国外产品,他们通过网络发布代购信息,从中赚取服务费用。不过,一些代购存在质量无保障的问题。

案例2

2016年10月,由于留学生活枯燥,受身边很多留学朋友做代购的影响,在荷兰留学学商科的林同学决心开始做代购。为了分担经济压力,她与广东外语外贸大学的冯同学合作,二人约定好轮流发布商品广告、管理代购微信号、共同定价,林同学负责采购和邮寄,冯同学负责收货和转寄,两人利润六四分成。2017年1月,她们抢到了大约150支热销款口红,销售利润达4000元。为了吸引更多的顾客,林同学和冯同学策划了一场促销活动:凡是在朋友圈晒买家秀和代购号二维码的客人,均可以在达到1000个客人的次日参与抽奖,奖品是一瓶30mL市场价格在500元以上的祖马龙香水。经过这场活动,3月15日她们的顾客人数突破1000人。

(3) 主播

随着网络直播的兴起,一些大学生将挣钱的目光转向了网络直播。有些大学生通过自己独特的才艺吸引粉丝而赚取收益,有些是通过攒人气在直播平台代言商品赚取收益,而且这种"网红"之风在当下大学生群体中越刮越盛。有媒体报道,厦门在册的千人"网红"中,约70%是来自厦门大学、华侨大学、集美大学等高校的在校大学生,据相关人士透露,其中60%以上的"网红"是依靠网络推手成名的,厦门已有近20家"网红孵化公司"。

案例3

李某是一名就读于厦门某大学的大四学生,作为业余模特的她网络游戏玩得十分专业,以网络主播的身份成为游戏陪玩圈的网络红人。随着在圈内名气的提升,她被厦门一家公司的网红"星探"相中,如今已是该公司签约的全职网红。

案例4

2016年3月,一条"江西某大学三食堂惊现最美打工妹"的微博在网上被疯转,被称为"食堂女神"的江西某大学政法学院行政管理专业大三学生晏某迅速走红网络。3月8日,YY公司迅速找上门希望与她签约,并表示会把她推到热门。因为顾虑到YY直播的网络环境,一开始晏某拒绝了邀请,经双方协商,晏某以独立人身份在YY上直播。3月14日,"食堂女神YY开播"的话题成为微博热搜的榜首,一天阅读量超过300万,当天晚上8点到9点的热度甚至超越"太阳的后裔"。历时一个多月涨粉近3万人,每天都有两三千人在线观看直播,这也为她带来了每月数千元的收入,多档综艺节目邀其加入,很多机会随之接踵而至。

(4) 平台代理

通过网络将商家或机构平台的商品或服务代理销售给高校大学生,根据业绩高低收取不同比例的提成。大部分的校园代理通常针对的是合法的商家和机构组织,但是也有一些大学生为了高额的收益而从事"刷课""校园贷""刷单"等灰色平台代理。

案例 5

张某是武汉市某高校负责刷课平台的一级学生代理,他注册了八九个刷课平台账号,几乎可以覆盖全国 80% 高校的在线课程平台,有些刷课平台针对少数监管较严的课程单独开发软件。刷课"旺季",张某和其他代理会通过 QQ 群、QQ 空间、微信朋友圈广泛宣传,每天能接五六百单,单价在 10~15 元,除去上交给刷课平台的费用,一级代理每天轻松赚取 5000 元。据他透露,选择刷课业务的学生大多来自二本和高职高专院校,以湖北省为主,也有其他省份的高校学生,一级代理给刷课平台充值 1000 元、5000 元或 1 万元,充值金额越高,刷课成本越低,利润越大,安全性越高。往平台投入千元后,在刷课单价不变的情况下,张某的成本价从去年每单 0.6~0.7 元降至今年的 0.2~0.3 元,以学生身份担保"刷课信誉"的张某,"从业"一年多在武汉市的高校内发展了 40 多个二级代理为他接单、刷课。

3. 网络创业

依托互联网进行的创业具有资本需求少、经验门槛低、创业形式灵活等优势,成为不少大学生创业的首选。不少大学生通过自主经营网店、微商等渠道实现创业。自主经营网店属于电商创业范畴,往往依托于电商平台,目前用得比较多的电商平台是淘宝。微商创业的大学生一般通过微信等创立店铺公众号,发布自行设计或选购产品的相关信息,通过自销或代销的销售方式获得收益。

案例 6

邱某是南昌某大学 2009 级信息学院计算机专业的学生,大二暑假的打工经历让他接触了网店,在他看来网店有很大的市场潜力。2011 年下半年,读大二的他建立起一家属于自己的网店。开店初期,他几乎每天都要跑市场调研,2011 年 12 月 12 日,他的网店首次迎来了销售高峰,一天成交量 300 单,赚了 1 万元。由于他经营网店采用大型商务平台的企业管理方式,买家认可度高,销售额增长迅速,网店频频登上顾客好评榜,他就连续开了第 2 个、第 3 个网店。2012 年 9 月,有两款衣服月销 2000 多件,当月赚了 15 万元。

二、大学生网络工作行为的特点

1. 网络求职行为频繁,但利用率和满意度较低

职场体验、技能培训、求职信息关注形成了当下大学生的职场生态。有调查显示,41.46% 的大学生有过个体经营或兼职经历,62.40% 的大学生参加过职业技能培训,34.34%大学生有兼职动机。2018年我国大学生不同职业信息获取渠道人数分布情况如图6.3所示,从图中可以看出,当前大学生获取职业信息的主要渠道呈多元化趋势,其中微博、网站成为当前大学生关注职业信息的最主要渠道,关注人数比例达48.01%,其次微信、客户端、新闻、论坛等渠道也是很多大学生获取职业信息的重要渠道[18]。

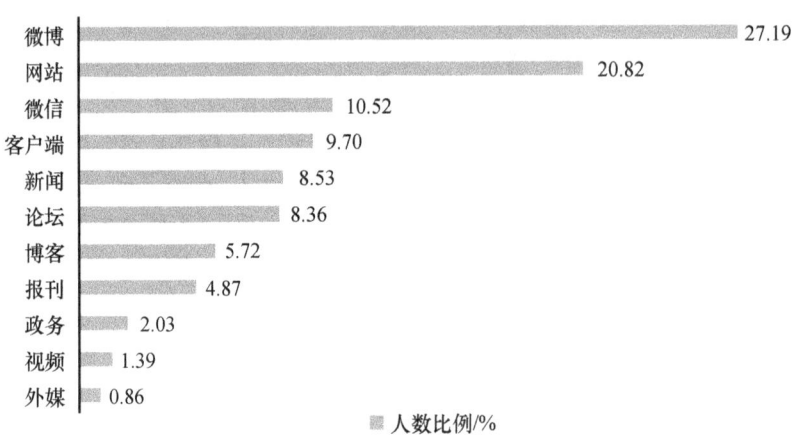

图6.3　2018年我国大学生不同职业信息获取渠道人数占比

沈阳工业大学佟昕等通过对236名男大学生和280名女大学生调查发现,将近64%的大学生认为人才招聘网站是最有效的求职途径之一,36%的大学生认为社会招聘和人才市场是最有效的求职途径。近38%的大学生有过网络求职行为,可见大学生通过网络求职的行为比较普遍。由于监管力度欠缺,有一部分虚假信息掺杂其中,网络求职维权相对困难等因素,不少大学生对网络求职资源中涉及的企业信息信赖度不高,甚至一部分大学生对网络求职有抵触态度[74]。

中国人民大学吴昊等针对网络求职调查了国内东中西部25个城市42所全日制高校的1809名大四求职学生,结果发现超过90%的大学生有网络求职行为,但总体满意度不高,仅有不到40%的大学生持满意态度。大学生网络就业服务意识相对较弱,通过网络获取招聘信息和投递简历的人数较多,但是通过网络获取就业指导、在线测评和网络面试的人数相对较少。调查者对网络求职信息的评价整体偏低,大部分学生认为网络求职信息不够具体、真实性不强、重复性较大,招聘网站存在回复信息不及时、筛选简历不透明等问题[75]。

2. 网络兼职技术含量较低,劳动报酬偏低

提供给大学生的网络兼职工作种类相对集中,主要有翻译、编程、设计、游戏代练、推广、主播等,这些工作在时间投入、能力匹配等方面都对大学生个人提出了较高的要求。由于大学生在校期间的主要任务是学习,兼职多是利用业余零碎的时间,加之相关专业技能的欠缺,导致很多大学生选择专业相关性较弱、操作简便、技术门槛低的网络兼职工作,这也导致了大学生通过网络兼职获得的劳动报酬偏低,兼职所得一般主要用于维持日常的生活花销。

3. 缺乏工作经验,工作持续性较差

多数大学生做兼职工作的想法就是赚外快补贴日常花销,没有正式就业的工作心态,对职场规则的敏感度低,对经验积累的意识差,加之社会经历相对薄弱,因此工作经验相对匮乏。网络创业往往需要占用大量的时间成本和经济成本,一些大学生进行网络创业是非理性化的行为,在没有任何创业经验的情况下盲目跟风,没有做好前期市场调研和创业策划,在资金准备不充分的情况下就急于尝试,由于组织、管理、决策、运营等方面的经验不足,对外界环境风险评估不准确,一旦遇到资金链紧张、比较棘手的问题往往很容易夭折,工作持续性较差。

4. 风险防范意识较差,权益维护困难

很多网络商家抓住了大学生急于挣钱、容易说服的特点,大肆营造"轻松""稳赚""高薪"等网络宣传氛围,网络社交的极大普及,让一些"轻松赚大钱"的假象充斥在大学生的周围。很多大学生看到"圈里"有人"轻松"赚了钱,头脑容易发热,有些大学生忽略了可能遇到的立项风险、社会资源匮乏、资金风险、信用风险、管理风险、竞争风险、团队管理、人才流失、核心竞争力缺乏等因素,殊不知背后需要付出怎样的精力和投入。有些大学生缺乏对网络工作的理性认识,虚假广告、不良中介、信息泄露等问题十分普遍,由于缺乏辨别能力,大学生很容易上当受骗。

大部分网络兼职不存在劳动合同,不属于《劳动法》保护范畴,根据财政部与教育部的相关规定,网络兼职行为也不属于勤工助学范畴,大学生网络兼职的工作性质界定处于边缘化状态,一旦发生上当受骗的情况,很难通过司法手段维护自身权益。另外,网络兼职过程中涉及的诈骗金额往往较少,无法达到立案标准,加之网络诈骗扑朔迷离、取证困难,大学生在网络兼职中上当受骗后的维权阻力加大。

三、大学生网络工作行为的原因

1. 经济基础薄弱推动大学生网络工作

多数大学生的主要生活来源依靠家庭供给,据调查,我国大学生家庭供给的生活费月均在 1325 元左右[18]。而除了正常的衣食住行,大学生的人际交往、兴趣培养、能力提升等方面都会花费他们的一部分生活费。为了满足自身的发展需要,很多大学生通过兼职或创业弥补经济方面的空缺,尤其是对于那些家庭经济状况相对薄弱的大学生,投入相对较少、时间自由、节省成本的网络工作途径成为他们的重要经济来源。

2. 物质欲望膨胀刺激大学生网络工作

大学生处在网络信息爆炸的时代,消费主义的盛行让一些大学生养成了超前消费的习惯,疯狂购买的背后忽略了自己的经济能力。部分大学生为网络社交中的"发财致富"假象所迷惑,通过互联网不出校园就能"赚大钱",既能拿到大学文凭,又能挣取高额薪资满足自己对"身份""品位""阔气"的物质需求,这对熟悉网络应用的大学生具有相当大的诱惑力。

3. 从众心理驱动下促进大学生网络工作

网络交际圈里到处充斥着"自用款推荐""良心力荐""免税超值"的宣传广告,还有宝马香车、钱财万贯的"致富"诱惑,每天都是各种商品信息霸屏,"以前朋友圈里都是朋友,现在朋友圈里都是代购""人生就像朋友圈,你永远不会知道身边的哪一个好友会成为下一个代购""你永远不知道第二天醒来朋友圈里又多了几个微商"形象地道出了现在很多大学生的心声。受整个环境的影响,加之从众心理的推动,不少大学生抱着试一试的心态走上微商、代购、主播的道路。

四、大学生网络工作行为的影响

由于网络工作具有资源丰富、技术门槛低、时间自由、成本投入少等优点,不少大学生通过网络工作赚取生活费用,减轻家庭经济生活负担,同时网络工作经历也在一定程度上补充了大学生的社会经验,这些都是网络工作带给大学生的积极影响。这里重点讨论网络工作行为给大学生带来的负面影响。

1. 影响正常的学习生活

大学生的本职工作是学习,任何形式的网络工作都会耽误时间与精力,尤其是需要长期投入大量时间成本的工作,更是给大学生的学业带来了非常大的影响。如果把大部分时间和精力放在学习上,工作容易"歇菜",可是将过多的精力放在工作上,学习就容易"凉凉"。一些大学生无法合理科学地协调好学业与工作的关系,还有些大学生甚至为了追逐物质享受与经济利益,荒废了学业,本末倒置,得不偿失。

案例7

Z同学是广州某大学传播与设计学院的一名大三学生,2017年3月,在台湾做交换生的时候做起了代购。Z同学的代购微信号大约有200人,一开始自己"单打独斗",每天要管理代购号、发布广告、与客户沟通、统计流水、回答顾客问题、打包商品寄回大陆。做代购第一周,她每天要忙到凌晨2点才能休息。拍照、计算、定价、采购、邮寄,这些都是Z同学做代购的常态,有时发给客户的信息并不能得到及时回复,于是徘徊看货边焦急等待客户回信息,让Z同学感到痛苦的就是这个等待的时间差,她觉得代购的时间成本很高。除了时间成本,代购的商品要交到客户手里还需要经过国际快递进入大陆,再经过国内快递转运,这其中的运输成本非常高。不仅如此,为了不交税,Z同学购买了纸箱、泡沫纸、胶带、电子秤等物品,既要层层包装,又要精细计算重量防止因超重而支付高昂运费。第一次代购,Z同学花了一下午时间卖了33件商品,交易额超过2000元,不算与顾客聊天、宣传、采购、邮寄等环节花费的时间成本,扣除成本价、运输和包装费用,她只赚了200多元。Z同学觉得很无奈,认为成本太高,表示即使挣得再多,如果严重影响自己的生活也会选择放弃。

2. 容易陷入骗局,甚至无法自拔

大学生缺乏社会经验和足够的警惕意识,是网络诈骗组织的主要目标之一,加之网络信息错综复杂,很多网络就业、兼职、创业等信息真假难辨,不少大学生都有过网络工作被骗的经历。网络工作过程中,大学生常遇到一些陷阱,主要类型包括以下几种:一是利用招聘骗取财物。网络求职过程中有一些用人单位会以收取报名费、面试费、上岗培训费、合同保证金等为由,收取大学生费用,一些急于找工作或是被"高薪"许诺冲昏头脑的大学生容易上当,等交了钱对方瞬间"人间蒸发""金蝉脱壳"。二是中介陷阱。中介行业总体处于一个相对不规范的阶段,有些中介往往虚构一些"轻松""高薪"的岗位吸引大学生上钩,收取费用后就随意将一些招聘信息扔给求职者,或者伙同一些小公司组织面试,以能力不足为由拒绝录用,更有甚者勾结不法分子引诱胁迫大学生做传销等非法的事情[76]。三是大学生利用网络创业,尤其是近几年炒得火热的微商、代购、主播等工作形式,大学生容易被眼花缭乱的创业假象所迷惑,没有足够的创业经验与充分的创业准备就一头扎进去,忽略了创业过程中可能存在的风险,轻则被骗,重则越陷越深、无法回头。四是使用"放长线钓大鱼"的套路。散布网络"刷单""刷信用"等广告信息,只要有大学生上钩,刚开始完成一单就会返还佣金,但是数额往往较小,接连返还的佣金让大学生放松警惕,投入更高的费用后对方便销声匿迹。有媒体报道,仅2019年9月份以来,包头某高校发生20余起网络诈骗,其中大学生因为网络刷单被骗数额累计达2万元。

案例8

2017年2月初,在福建集美上大学的一名女生A,在微博上看到有人代售手机,于是想做代理。通过微信,她与对方核对手机货源、销售利润和到货周期等问题后,做起了代售手机的"微商"。经过自己在朋友圈努力推广之后,她的同学帮她找到了6单生意。客户下单后,对方发来一个网站以查询物流情况,每单都能查到,但是物流信息显示商品到了厦门就没再更新过,她联系快递客服无法接通,咨询客户反馈均未收到货,所谓的"购货商"也把她拉黑了,最终A同学被骗了将近15000元。

案例9

在南京某高校就读的大三学生李某,因为家庭条件不好一般会在暑期打短工或做家教。2016年上半年,她看到周围同学在朋友圈发各种代理产品信息并晒出每个月数千元甚至上万元的销售记录,这让她很心动。从代理商那儿购买产品后,李某走上了微商之路,她发现销售并不像朋友圈里宣传的那样火爆,需要有一定规模数量的好友,还要不断地发展"代理",模式类似于传销,只有多发展"代理",提成才会越高。过程中,她终于知道了"微商"销售火爆的内幕,上级代理还会对她们进行专门培训,一些成功案例和心灵鸡汤的"洗脑",教她们如何加好友、推销产品、不被屏蔽、做销售数据、通过PS图片夸大销售收入等,她们还会用自己的生活费购买自动加好友、自动转发、朋友圈一键点赞等软件。在做"微商"过程中,源源不断的"新政策"和上级代理的鼓动,她的资金投入越来越多,几乎所有生活费都要搭进去,甚至还需要额外补充。然而,由于销售受阻,上级代理不退不换,她的货囤积严重,在前期高额投入和发财洗脑的基础上,李某"越陷越深"。

3. 人际关系维系受影响

微商、代购等依托网络社交平台的工作存在着透支朋友信任的风险。据"微商"界资深人士透露,一些"微商"模式与传销有类似的地方,需要从业者先缴纳会费或购买产品,通过发展"下线"赚取收益。但是"微商"与传销不同的是,它通过打擦边球规避法律风险,游走在法律灰色地带,大部分"微商"就是披了微信、微博、QQ等社交媒体外衣的分销行为,其本质是熟人经济的衍生体,通过人脉和口碑进行扩散,从而实现交易。不少大学生对朋友圈各种刷屏广告、代购信息非常反感,无奈之下只能屏蔽甚至删除一些做"微商"的朋友。有些大学生碍于情面,抵不住朋友的几番推销,结果买来的产品质量没有保障,甚至是假货、次货,"杀熟"变现的同时更伤害了彼此之间的珍贵友谊。还有从事"微商"的大学生为了挣更多钱,巧言令色地"哄"朋友一起"挣钱",实则是为了将朋友发展为下线,一旦对方上钩很难回头,"金字塔"式的分销模式下是彼此之间信任的消减,"杀熟"交易的背后是潜藏着的"友谊危机"。

案例10

就读于北京某大学电子商务专业的康某,有一位做护肤品代购的朋友,她经常收到"亲爱的,今天又出新品了哦,特别好用,帮帮忙,买一套吧"的微信消息,连续三次委婉拒绝后,朋友第四次向她推销护肤品并许诺给她最低价格,碍于朋友之间的情面,出于无奈康某购买了一瓶爽肤水。后来康某上网一查发现她从朋友那买的爽肤水价格仅比官网低了1元,而且使用后没多久,康某出现了脸部过敏症状。于是她询问朋友货源的可靠性,对方告知自己只是代理,商品都是从商家直接发货,对所销售的产品是否为正品完全不了解。这让康某非常气愤,不仅对朋友代理的护肤品彻底失望,更对朋友的信任大打折扣。

五、大学生网络工作行为的引导

对于大学生的网络工作行为,既要加强外部监管,提高网络工作生态的清朗度,又要做好内在引导,帮助大学生甄选可靠工作信息。只有"里应外合",才能最大限度地降低大学生在网络工作过程中可能遇到的风险及影响。

1. 加强教育引导,提高自身"免疫力"

(1)树立正确的价值观

大学生之所以成为网络诈骗的目标群体,正是抓住了部分大学生想"轻松赚大钱"的心态。缺乏吃苦耐劳精神,萌生好逸恶劳、不劳而获的不良价值观让一些大学生更容易头脑发热,因此,引导大学生树立正确的价值观十分关键,这是大学生抵御任何网络工作风险的最有效手段。

引导大学生树立理性评判思维,对于网络中呈现的大学生"发财致富"的假象能够有清醒的认知,不盲目跟风,更不能为了一时的物质利益而损害友谊。与此同时,高校应该加大主流思想文化的渗透,主动占领大学生网络思想教育主阵地,通过"润物细无声"的引导帮助大学生树立正确的思想观念。

(2)提高风险防范和权益维护意识

网络求职安全意识主要包括网络求职的法律意识、鉴别真伪的意识、寻求可靠信息源的意识和保护个人信息的意识。定期对大学生进行教育培训,为大学生讲解在网络工作中可能遇到的陷阱以及这些陷阱的"惯用伎俩",尤其是游走在法律灰色地带的"微商""代购",以大学生最能接受的方式加大对不良网络工作行为的宣传力度,让警惕意识入脑入心,提高大学生在网络工作方面的风险防范意识。为大学生普及与网络工作相关的法律法规,帮助大学生熟悉网络工作中应该规范的流程,尤其是可以保障大学生合法权益的劳动合同、就业协议等。教育大学生在自身合法权益受损时如何有效应对,必要的时候申请维权或寻求法律帮助。

(3)增强网络工作能力

邀请创业课老师或相关专家为大学生讲解网络创业的特点与规律,引导大学生多关注政府部门的相关政策,尽可能降低创业初期的资金风险,帮助大学生掌握如何进行市场调研,如何制定切实可行的经营策略与实施计划,如何管理好自己的创业团队,如何提高社会资源与核心竞争力等。

引导大学生将网络工作更多地与自己所学专业相结合,在工作实践中不断提升对专业知识的理解,在理解中不断积累宝贵的工作经验,为今后正式踏入社会、走入职场打下扎实的基础。鼓励高校多开展大学生网络求职、网络创业等方面的专业赛事,以赛促学,通过比赛让大学生掌握相关的技能与经验。

(4) 调适网络工作心理

大学生通过自己的劳动获得经济收入无可厚非,但是一定要摆正自己的定位,大学生最重要的事情是学习,为了工作影响学业甚至休学辍学,舍本逐末是非常不明智的行为。引导大学生合理协调自己的学业与业余工作之间的关系,对自身的情况作出科学全面的评价,对于网络工作中可能涉及的时间成本、经济成本、人力成本等因素做到心中有数,遇到心仪的岗位不盲目、不轻信,多用理性思维分析,全面了解相关信息的真实性和可信度。

2. 规范网络工作秩序,营造清朗网络空间

通过制定相关规章制度,完善大学生网络工作的制度体系,将大学生的网络行为纳入学生综合考评体系。加大对大学生网络工作的监管力度,高校网络技术相关部门可以针对大学生网络工作做好监管,对于存在不良网络工作行为的大学生采取一定的管理措施,并在校园内加强警示教育,让大学生意识到网络工作并不是可以言行无忌的。引导广大学生自觉维护网络秩序,不传播不良信息,不轻信虚假宣传,不参与网络骗局,自觉规范网络行为,提升网络道德自律意识,自觉做到自律而不逾矩。为大学生提供比较通畅的举报、投诉、追责、奖励渠道,一旦发现网络工作中的不端行为,大学生主动揭发、敢于揭发、愿意揭发,共同营造清朗有序的网络工作生态。

3. 搭建网络平台,为大学生保驾护航

发挥社会、高校与大学生自身的优势,根据大学生的网络工作需求与特点,整合组建可信度较高、专业结合密切、使用方便的相关平台,监督用人单位按照规定合法用工,为大学生网络工作提供优质、安全、稳定的渠道。如泉州工艺美术职业学院针对学生特点开发的易企校 S2S(School to Social)平台,利用网站和微信公众号,将在校大学生资源进行整合,把学生与企业、商家或个人建立联系,大学生设计的产品、实践成果、竞赛项目等都可以在平台展示,为在校大学生提供了一个良好的创新创业实践平台,也可以通过平台将版权或服务提供给他人,为大学生兼职提供了一个可靠的网络实践平台[77]。

第七章
大学生网络游戏行为及引导

网络游戏（Online Game）又称"在线游戏"，简称"网游"。网络游戏被定义为"以电脑为客户端，互联网络为数据传输介质，必须通过TCP/IP协议实现多个用户同时参与的游戏产品，用户可以通过对于游戏中人物角色或者场景的操作实现娱乐、交流的目的。"[78]闫宏微将网络游戏定义为"以TCP/IP协议为基础，以电脑为客户端，以Internet为依托，以网络游戏玩家为成员，搭建了一个拥有特定规则的虚拟平台，多人同时参与并通过人与人之间的互动达到交流、娱乐、休闲和取得虚拟成就的目的的电脑游戏。"网络游戏作为数字化时代融合经济文化科技的产物和娱乐方式，具有文化产品的思想表现性价值，具有超时空性、高度开放性、多向度互动性、虚拟社区的建构等特性[79]。刘胜枝认为网络游戏是相对人机对战的单机游戏而言的，它是指以互联网为传播媒介，以游戏运营商服务器和用户计算机、手机、iPad等电子设备为处理终端，以游戏客户端软件或网页为信息交互窗口，旨在实现娱乐、休闲、交流和取得虚拟成就，具有可持续性的在线游戏。国外网络游戏的发展经历了1969—1977年网络游戏萌芽时期、1978—1995年网络游戏诞生时期、1996年至今网络游戏发展时期三个阶段；国内网络游戏经历了2002之前的发端期、2003—2008年的快速发展期、2009年至今的多元化发展时期[80]。

一、网络游戏概况

根据中国音数协游戏工委（GPC）和国际数据公司（IDC）提供的调查数据可知，近几年，我国游戏用户规模不断增长。图7.1是2015—2019年我国游戏用户规模，2015年我国游戏用户规模为5.3亿人，2019年我国游戏用户规模达6.4亿人，增长20.75%[81]。

我国游戏市场细分领域包括移动游戏、电子竞技游戏、客户端游戏、网页游戏、VR/AR游戏。表7.1是GPC与IDC公布的2019年我国游戏营销收入和用

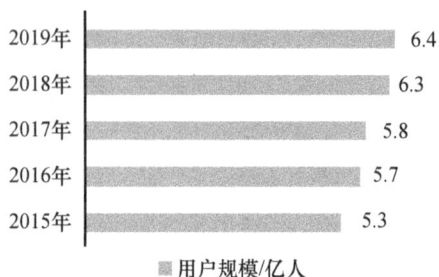

图 7.1　2015—2019 年我国游戏用户规模

户规模情况,从表中数据可以看出,移动游戏是我国游戏产业收入的最主要来源,用户规模增速相对迟缓;无论是营销收入还是用户规模,网页游戏和客户端游戏呈现下滑趋势,尤其是网页游戏下滑非常明显;VR/AR 游戏市场占有率相对较低,但是发展势头很猛,成为最具有潜力的游戏类型[81]。

表 7.1　2019 年我国游戏营销收入和用户规模

游戏类型	营销收入		用户规模	
	金额/亿元	较去年同比增长/%	数量/亿人	较去年同比增长/%
移动游戏	1581.1	18.0	6.2	3.2
电子竞技游戏	947.3	13.5	4.4	2.3
客户端游戏	615.1	-0.7	1.4	-5.5
网页游戏	98.7	-22.0	1.9	-15.2
VR/AR 游戏	27.4	48.9	0.1	20.9

图 7.2 是 GPC 与 IDC 公布的 2012—2019 年我国移动游戏市场实际销售收入占游戏市场总收入占比情况,从图中数据可以看出,2012 年,我国移动游戏市

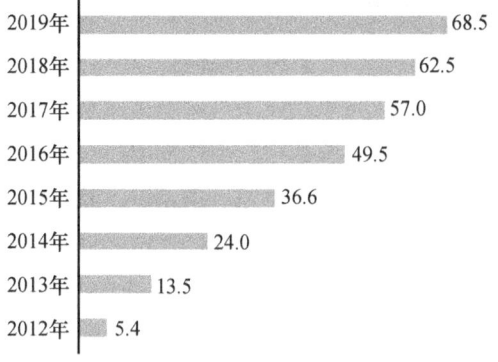

图 7.2　2012—2019 年我国移动游戏市场实际销售收入占游戏市场总收入占比

场实际销售收入占游戏市场总收入的5.4%,之后几乎每年都呈倍数增长,从2016年开始,移动游戏呈现比较舒缓的增长态势,到2019年,移动游戏市场实际销售收入占游戏市场总收入的68.5%[81]。可见,移动游戏作为我国游戏的重头戏,近几年持续保持高速增长的趋势,"一枝独秀"领衔国内游戏市场。

近几年,网络游戏发展迅速,尤其是手机游戏更成为网络游戏的最重要支柱。图7.3是CNNIC公布的2015—2019年我国网络游戏和手机网络游戏用户规模情况,从图中数据可以看出,2015年我国网络游戏用户规模为3.91亿人,手机网络游戏用户规模为2.79亿人,手机网络游戏用户规模占网络游戏用户规模的71.36%。2019年上半年,我国网络游戏用户规模为4.94亿人,手机网络游戏用户规模为4.68亿人,手机网络游戏用户规模占网络游戏用户规模的94.74%[1,21]。

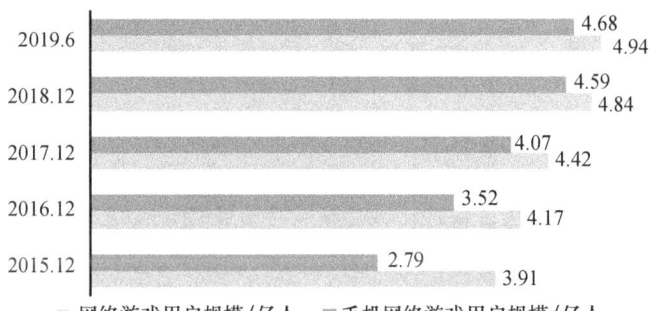

图7.3 2015—2019年我国网络游戏和手机网络游戏用户规模

根据艾瑞咨询提供的数据可知,2016—2018年我国移动游戏用户的性别比例变化不大,男性移动游戏用户规模约占57.5%,女性移动游戏用户规模约占42.5%。图7.4是艾瑞咨询公布的2016—2018年我国移动游戏用户年龄分布情况,相比于2016年,2017年我国24岁以下移动游戏用户规模超过25~30岁用户规模,成为移动游戏用户中人数规模最大的年龄段,而40岁以上移动游戏用户规模"缩水"明显,2018年变化不明显,24岁以下移动游戏用户仍然是用户规模最大的群体[82]。

2018年,我国近60%移动游戏用户为上班族,学生移动游戏用户规模超过30%,随着近几年轻竞技开始崛起,大型多人在线角色扮演游戏(MMORPG)发展强势,加之《王者荣耀》《英雄联盟》等多人在线战术竞技类(MOBA)手机游戏表现出色,有自由时间、适应游戏操作、游戏技术娴熟的学生成为移动游戏的主力,尤其是大学生更成为玩移动游戏人数最多的学生群体。图7.5是艾瑞咨询公布的2018年我国游戏用户职业分布情况,从公布的数据结果看,除了上班族,大学生是移动游戏用户最多的群体,人数占比超过22%[82]。

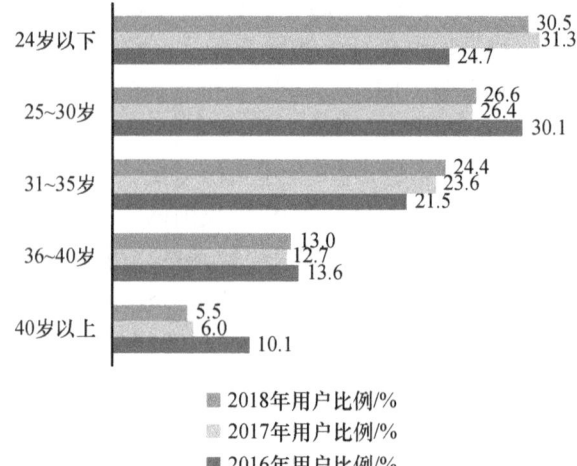

图 7.4　2016—2018 年我国移动游戏用户年龄分布

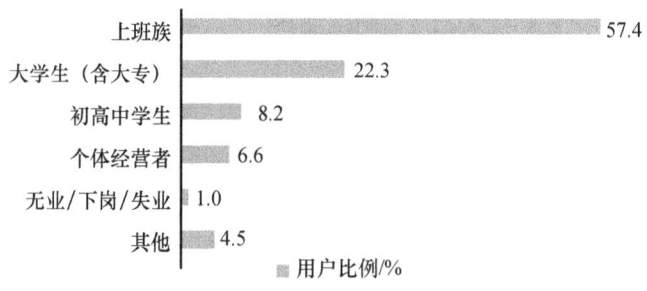

图 7.5　2018 年我国游戏用户职业分布

　　图 7.6 是艾瑞咨询公布的 2018 年 1 月至 2019 年 3 月我国移动游戏头部产品渗透率分布情况[82]。作为 2017 年 MOBA 类的现象级游戏产品,《王者荣耀》在前期积累了大量游戏用户存量的基础上继续保持领跑状态,成为 2018—2019 年我国移动游戏用户渗透率最高的游戏产品。其次射击类游戏《绝地求生:刺激战场》的产品渗透率排名第二。休闲益智类游戏《开心消消乐》成为渗透率排名第三的游戏产品。在渗透率排名前十的游戏中,有六款游戏属于休闲益智类和棋牌类,可见体量轻度、操作简单、付费较少的移动游戏产品整体渗透率较高。

　　目前,我国移动游戏主要有休闲益智类、棋牌类、动作冒险类、角色扮演类、策略类、养成类、跑酷竞速类、射击类、MOBA 等类型。表 7.2 是艾瑞咨询公布的 2018 年 1 月至 2019 年 3 月我国不同移动游戏占比情况,从表中数据可以发现,休闲益智类游戏由于随开随玩、操作简单、没有付费心理负担等因素,在游戏数量、使用次数、游戏时长、渗透率、新装与更新规模等方面均表现优异,成为用户忠诚度最高、

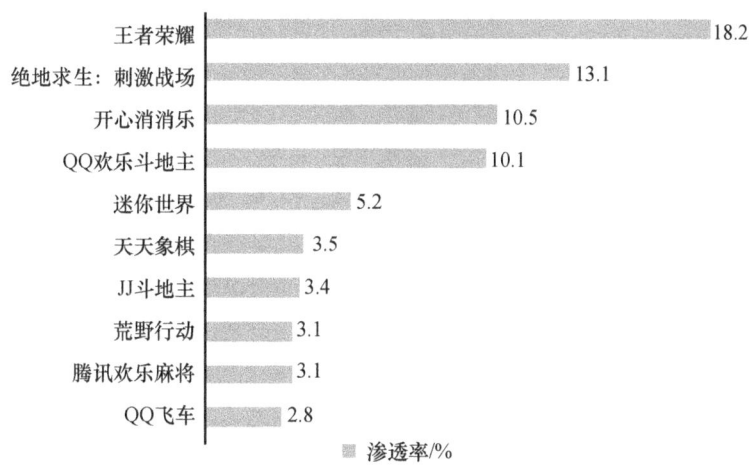

图 7.6 2018 年 1 月—2019 年 3 月我国移动游戏头部产品渗透率

黏性最好的游戏品类。经历了 2018 年行业洗牌后,棋牌类游戏的品质和规范性都得到了较好提升,从更新占比情况看,棋牌类游戏的用户黏性较高,成为我国移动游戏中的第二大类型。值得注意的是,MOBA 类和射击类游戏在产品数量较少的情况下占据了较高的市场份额,射击类游戏凭借《绝地求生》的优异表现跃居第三,MOBA 类游戏凭借现象级游戏《王者荣耀》的出色表现,成为单次游戏平均时长最长的游戏种类,可见重度游戏的用户忠诚度较高,用户黏性较强[82]。

表 7.2 2018 年 1 月—2019 年 3 月我国不同类型移动游戏占比情况分析(%)

游戏类型	数量占比	使用次数占比	使用时长占比	渗透率占比	新装占比	更新占比
休闲益智	31.4	31.0	30.2	44.0	17.5	10.4
棋牌	15.2	21.0	24.7	34.0	4.7	5.0
动作冒险	11.2	4.4	3.3	13.0	6.8	0.9
角色扮演	10.6	3.9	4.5	7.0	6.5	1.1
策略	7.1	4.6	3.7	8.0	4.5	1.1
养成	6.9	3.4	1.9	10.0	4.2	0.6
跑酷竞速	6.8	4.8	3.8	12.0	8.1	2.6
射击	5.4	12.0	8.1	23.0	8.2	3.2
MOBA	0.4	9.1	18.0	19.0	4.3	5.8
其他	4.9	5.9	3.8	16.0	3.3	1.0

注:新装占比 = 新装人数/总下载人数,更新占比 = 更新人数/总下载人数

图 7.7 是艾瑞咨询公布的 2019 年我国移动游戏行业产业链情况,随着游戏技术、游戏推广、硬件支撑、分发渠道的不断发展,我国移动游戏产业呈现出五彩

图7.7 2019年我国移动游戏行业产业链

纷呈的局面,各种各样的移动游戏产品纷纷投入市场,以满足不同游戏群体的多样化需求。近几年,移动游戏市场百花齐放,特色鲜明,涌现了不少极具代表性的游戏产品,如《王者荣耀》《魂斗罗》《天龙八部》《龙之谷》《荒野行动》《碧蓝航线》《纪念碑谷2》《恋与制作人》《元气骑士》《绝地求生:刺激战场》《楚留香》《蜡烛人》《第五人格》《我叫MT4》《神都夜行录》《明日之后》《梦幻模拟战》等。

二、大学生网络游戏行为的特点

互联网的迅速发展带动了整个网络游戏产业的繁荣,不仅成为支撑我国文化产业的重要支柱之一,而且网络游戏在带动经济增长中发挥了重要的角色。近年来,大学生玩网络游戏的人数规模不断增加,网络游戏已经成为不少大学生的"家常便饭",甚至有些大学生为了游戏废寝忘食、荒废学业。

1. 网络游戏行为非常普遍

根据艾瑞咨询公布的2018年我国游戏用户职业分布数据结果,除了上班族,大学生是移动游戏用户最多的群体,人数占比超过22%[82]。

安徽师范大学朱琳等采用立意抽样的方法,对来自北京、上海、江苏、陕西、海南、广西、山东、黑龙江和安徽等9个省市22所高校的1785名大学生进行问卷调查,调查对象的选取兼顾了大学生所在高校的地域与层次、性别、专业、年级等因素。调查结果发现,88.3%的大学生有网络游戏行为[83]。中央民族大学黄子航针对95后大学生采用定性访谈和定量分析相结合的方法,对全国338个地级市的全日制普通本科大学生进行等比分层抽样,最终收回755份有效问卷,经过调查,82.5%的大学生有电子游戏行为[84]。

2. 存在多因素影响差异

安徽师范大学朱琳等对不同性别、地域和独生子女大学生的网络游戏行为进行了全面分析,结果发现男生玩网络游戏的人数比例、行为频率、充值次数、优先性均高于女生,可见男生对于网络游戏的依赖程度比女生高。在来自不同生源地的大学生中,来自城市的大学生玩网络游戏的人数比例、行为频率、充值次数、优先性均高于来自乡镇的大学生,可见,来自乡镇的大学生在网络游戏中投入的时间成本和经济成本相对较少,发生网络游戏沉溺的风险相应降低。独生子女大学生玩网络游戏的人数比例、行为频率、充值次数、优先性均高于非独生子女,可见独生子女在网络游戏中投入的时间成本和经济成本相对较多,发生网络游戏沉溺的风险相对较高[83]。

3. 娱乐消遣是最主要目的

中央民族大学黄子航针对95后大学生玩电子游戏的目的进行了调查,结果发现,64%的大学生玩游戏是为了打发时间的单纯娱乐行为,59.6%的大学生玩游戏是为了与朋友们在一起玩游戏的过程中增进友谊,54.7%的大学生玩游戏是为了缓解现实学习、工作和生活的压力,39.8%的大学生玩游戏是为了在游戏中不断挑战以获得成就感,29.0%的大学生玩游戏是为了收集游戏中的武器装备道具,仅有1.77%的大学生玩游戏是为了挣钱[84]。天津师范大学李颖围绕大学生沉迷于网络游戏的动机进行研究,结果发现,超过50%的大学生玩网络游戏是为了打发无聊的时间,超过16%的大学生是为游戏本身的画面、操作和人际交往模式所吸引,超过14%的大学生玩网络游戏是为了融入周围同学都在玩游戏的生活圈子,超过14%的大学生是为了缓解现实的压力而沉迷于网络游戏,只有3%左右的大学生是为了寻找自身价值,不到1%的大学生沉迷于网络游戏是为了赚钱[85]。可见,大学生的网络游戏行为最主要的目的是娱乐消遣。

4. 耗费大量的时间与精力

日上三竿才睁开睡眼,早饭直接略过,老师在讲台上饶有兴趣地讲解着课程内容,讲台下却是一片低头族,他们中的很多人都沉浸在《王者荣耀》《绝地求生》《开心消消乐》中,一堂课下来老师的话一个字没听进去,满脑子都是游戏的画面。回到宿舍,点份外卖,连去餐厅的时间也节省了,戴上耳机继续"吃鸡""打农药",一直忙到凌晨甚至通宵,为第二天的赖床又打下了"扎实基础"。这是很多在校大学生的生活日常。

根据CNNIC公布的调查数据,24.3%的大学生每天都玩网络游戏,16.7%的大学生每周有几天玩网络游戏,59.0%的大学生偶尔玩网络游戏。61.3%的大学生使用电脑玩网络游戏的时长为1~2小时,19.1%的大学生使用电脑玩网络游戏的时长为2~3小时,11.2%的大学生使用电脑玩网络游戏的时长为3~5小时,6.9%的大学生使用电脑玩网络游戏的时长超过5小时,2.5%的大学生使用电脑玩网络游戏的时长甚至超过8小时[11]。

黄子航对全国338个地区的大学生进行抽样调查,结果发现33.2%的大学生每周玩游戏的次数是5~6次,每天都玩游戏的大学生人数比例高达25.4%,每周玩3~4次游戏的大学生人数占25.0%,一周偶尔玩1~2次游戏的大学生人数占比15.6%,从来不玩游戏的大学生人数只有不到1%,近60%的大学生人数网络游戏行为的频次较高。32.6%的大学生每次玩游戏的时长为0.5~1小时,每次玩半小时以内的大学生人数占比21.2%,每次玩1~2小时的大学生人数占20.2%,每次玩游戏超过2小时的大学生人数占比26.0%,由此可见,近80%的大学生每次玩游戏的时间超过半小时,近50%的大学生每次玩游戏的时间超过1小时,近30%的大学生每次玩游戏的时间超过2小时。大学生网络游戏行为呈现频次高、时间长的特点[84]。

2018年中国青年网对全国1089名大学生进行熬夜情况的调查,结果显示,只有不到3%的大学生不熬夜,而且经常熬夜的大学生人数超过60%,其中近15%的被调查者表示熬夜的原因是为了玩游戏。2019年中国青年网对全国

1220名大学生进行手机上网时长调查,结果发现超过41%的大学生每天手机上网时间超过5个小时,近32%的大学生使用手机上网打游戏。

5. 消费认可度较高,消费偏理性

根据CNNIC的调查数据显示,26.4%的青少年网民存在PC端网络游戏付费行为,25%的青少年网民存在移动端网络游戏付费行为,其中,PC端和移动端游戏月均付费金额集中于10~300元之间的游戏用户比例分别为73.5%和83.6%,整体网络游戏消费水平偏低[11]。在对95后大学生的游戏消费态度调查中,只有0.2%的大学生坚决反对电子游戏消费行为,3.4%的大学生非常愿意为游戏花钱甚至不惜承担经济压力,3.45%的大学生对游戏消费持比较谨慎的态度,30.8%的大学生认为游戏消费是日常生活花销的一部分,51.5%的大学生认为适当的游戏消费是可以接受的,可见超过96%的大学生对游戏消费行为持认可态度。在所有被调查的游戏玩家中,87.55%的大学生每月用于游戏消费的额度低于100元,只有2.1%的大学生每月花费500元以上用于玩游戏,可见,在游戏消费水平方面,大部分大学生偏于理性[84]。

6. 游戏偏好呈现多样而集中的趋势

网络游戏发展至今,琳琅满目的游戏市场让大学生的选择更加多元化,既有轻度体量的小游戏,也有技术满满的重度体量游戏,既有需要分工协作的大型网游,也有适合自己慢慢享受的休闲游戏,五花八门的游戏品类造就了大学生热闹非凡的游戏王国。根据CNNIC调查数据显示,68.1%的大学生玩大型客户端网络游戏,42.5%的大学生玩网页单机小游戏,40.5%的大学生玩休闲平台类网络游戏,37.6%的大学生玩社交游戏,25.6%的大学生玩宠物养成类网络游戏,16.0%的大学生玩大型网游[11]。2019年,黄子航对95后大学生所玩游戏的类别进行了调查,不同游戏类型人数占比情况如图7.8所示。根据调查数据显示,

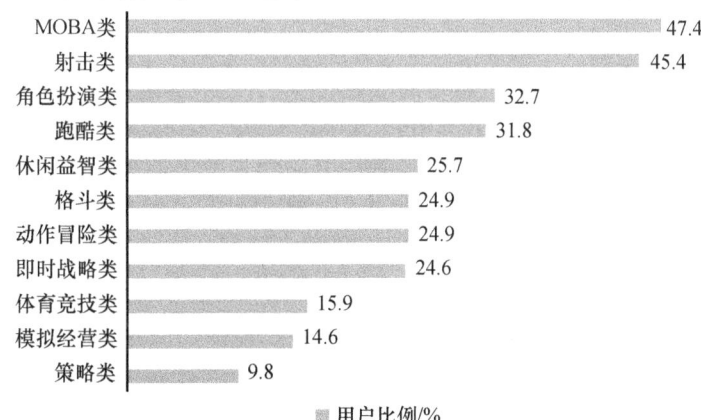

图7.8 95后大学生不同游戏类型人数占比

在95后大学生群体中,近50%的大学生喜欢MOBA类(如《王者荣耀》《英雄联盟》)和射击类游戏(如《穿越火线》《守望先锋》),超过30%的大学生选择角色扮演类(如《魔兽世界》《地下城与勇士》)和跑酷类游戏(如《极品飞车》《QQ飞车》),25%左右的大学生会选择休闲益智类(如《纪念碑谷2》《开心消消乐》)、格斗类(如《拳皇》《三国战纪》)、动作冒险类(如《侠盗猎车手》《战神》)和即时战略类(如《红色警戒》《Dota》)游戏,体育竞技类(如NBA系列、FIFA足球系列)、模拟经营类(如《恋与制作人》《奇迹暖暖》)和策略类(如《部落冲突》《炉石传说》)等游戏的大学生用户数量相对较少,占比在10%~15%之间[84]。

虽然游戏市场上各种游戏产品数量非常庞大,但是在大学生群体中,游戏选择呈现相对集中的现象,甚至出现"现象级"游戏,如《王者荣耀》《绝地求生》《守望先锋》《炉石传说》《Dota》《英雄联盟》等。除了大型网络游戏,曾几何时,《植物大战僵尸》《愤怒的小鸟》《QQ农场》《开心消消乐》《旅行的青蛙》等休闲小游戏也一度席卷整个校园,成了广大学生的必备"小零食"。"打农药""吃鸡""恋与"等词汇成了学生网络游戏社交中最亮的"明星",有的大学生不惜疯狂"氪金",也要"誓死追随"。

7. 沉迷式行为特征明显

1975年,美国心理学家米哈里·齐克森米哈里(Mihaly Csikszentmihalyi)提出了沉浸(Flow)理论,他认为沉浸是"使用者进入一种共同的经验模式,在其中使用者好像被吸引进去,意识集中在一个非常狭窄的范围内,不相关的知觉和想法都被过滤掉,并且丧失知觉,只对具体目标和明确的反馈有反应,透过对环境的操控产生一种控制感。"在沉浸状态中,行为主体的意识无须干预,动作之间仿佛有一种内在逻辑指引,一股整体的"流"贯穿于各种动作之间,个体达到心无旁骛、专心致志的状态,放松却不失专注。这种状态与网络游戏者的体验有比较多的相似之处,马西米尼(Massimini)提出了"心流体验"模型,指出了挑战与技巧的匹配机制,挑战低于技巧会产生厌倦,挑战高于技巧会产生挫败与焦虑感,两者水平都很低会产生冷漠情绪,只有两者水平大致相当且水平相对较高时才会最容易产生齐克森米哈里所谓的"心流"体验[79]。大部分现象级游戏产品都具备这样的特点,这也是为何很多游戏沉迷行为产生的潜在因素。对网络游戏者的状态描述,天津师范大学李颖认为"游戏沉浸""游戏沉迷""游戏成瘾"是三个不同的概念:"游戏沉浸"是一种被游戏吸引从而达到忘我投入的状态;"游戏成瘾"是因为过度的网络游戏行为所导致的病态依赖,常伴随着冲动与失控行为;"游戏沉迷"是沉浸状态持续后的"高峰体验",长期的沉浸体验后容易对网络游戏产生依赖心理,影响正常的学习生活。通过对山东省高校的462名大学生进行问卷调查,结果发现90.26%的大学生有网络游戏行为,其中25%喜欢网络游戏并有一定程度的沉迷特征[85]。

三、大学生网络游戏行为的原因

1. 技术发展与媒体引导的推动

网络游戏作为社会文化的一部分,承载着文化传播和教育引导的社会功能。随着互联网技术和移动通信技术的发展,网络游戏的用户体验不断优化升级,这为大学生的网络游戏行为奠定了最基本的物质基础。各大游戏开发商纷纷推进技术改革,源源不断地为整个游戏市场提供各式各样的网络游戏产品,可以迎合不同性格、不同喜好、不同群体的游戏用户需求。精致的游戏画面、丰富的游戏设计、绝佳的游戏体验都让网络游戏成为很多大学生娱乐消遣的重要支撑。

网络游戏运营商"挖空心思"推广产品,精致的网络游戏宣传无处不在,甚至有一些运营商为了吸引更多的用户,掺杂了暴力、色情、犯罪等不良文化因素,加之大学生作为从众倾向相对集中的群体,很容易受到周围同学的影响,"大家都在玩"的心理暗示让不少大学生抱着尝试的心态走进网络游戏,往往是"一发而不可收拾"。

2. 家庭教育与人文关怀的缺失

国内外有不少研究表明,家庭教育方式与大学生的网络游戏行为有很强的关联性。2015 年,万丽对 500 名南京财经大学仙林校区的在校本科生进行了抽样调查,结果发现,在沉溺于网络游戏的大学生中,43.7% 的大学生来自"专制独裁型"家庭,31.3% 的大学生来自"溺爱放纵型"家庭,18.7% 的大学生来自"忽视冷漠型"家庭,6.3% 的大学生来自"家庭暴力型"家庭,来自"民主尊重型"家庭的大学生没有出现沉溺于网络游戏的情况[86]。当下大学生生活在物质条件极大丰富的时代,忽视了精神给养的家庭环境容易引发大学生自身性格品质的不稳定和兴趣爱好的荒芜,加之一些家长对网络游戏的极力反对,在脱离了家长管控的情况下,来自这些家庭的大学生更容易出现网络游戏沉溺行为。

3. 现实减压与释放"本我"的需求刺激

在整个社会节奏急剧加快的大背景下,当下大学生面临着来自多方面的压力,既有来自家庭方面的"望子成龙、望女成凤""光宗耀祖"的重托与期望,又有来自学校方面的学习发展、择业交友等压力,各种矛盾冲突、焦虑不安等负面情绪需要发泄,现实中无法实现的诉求需要得到满足,而网络游戏恰好充当了"倾听""抚慰""排解压力"的虚拟角色,并且很多学生在游戏中获得了现实中少有的成就感,这极大地提升了网络游戏对大学生的吸引力与亲和力。

根据弗洛伊德的人格结构理论,遵循快乐原则的"本我"和遵循道德原则的"超我"同时存在于"自我"周围[47]。现实中所有人都要面对道德与法律的约束,"本我"需求无法肆无忌惮地释放,网络游戏的感官刺激、快乐享受让现实中被抑制的"本我"如释重负,这也在一定程度上刺激了大学生对网络游戏的沉迷性。

4. 媒介素养的缺失与自控能力的欠缺

1992年,美国媒体素养研究中心将"媒体素养"定义为:"人们在面对各式媒体信息时所表现出的选择能力、理解能力、质疑能力、评估能力、创造能力、生产能力及思辨能力。"[87]万丽认为大学生在网络游戏方面该具有的良好媒介素养主要表现为对网络游戏有正确的认知与理解,对网络游戏中的信息有一定的质疑和批判,减轻或消除网络游戏沉溺,并通过网络游戏实现全面发展[86]。正是大学生媒介素养的缺失,对网络游戏缺乏足够的理解和质疑能力,无条件融入其中,只会沦为网络游戏的"奴隶"。

一些大学生非常清楚网络游戏可能会产生负面影响,但就是对网络游戏没有丝毫抵抗力,对网络游戏的时间掌控能力十分微弱,有时即使暗示自己"就玩一会儿",可是真正走进去就是"乐不思蜀"了。

5. 性格特质偏向差异化的行为动机

严万森等针对大一新生的冲动性特征与网络成瘾进行了深入研究,结果显示,网络成瘾的大学生具有更高的冲动性人格特质[88]。湖南大学李羲围绕手机游戏的使用情况,通过问卷调查和深度访谈的方法,对全国9个省、3个直辖市、1个自治区、1个特别行政区的不同层次高校的423名大学生进行调研,结果发现:性格中有明显冲动、内向、低自尊、孤僻等特质的大学生更容易出现手机游戏沉迷行为,性格外向的大学生玩游戏是为了休闲放松、展示自我,性格内向、孤僻、自尊水平低的大学生玩游戏则是为了寻求安全、陪伴与认同[89]。

四、大学生网络游戏行为的影响

1. 积极影响

1997年,尼古拉·尼葛洛庞蒂在其著作《数字化生存》一书中指出:"大多数成年人都搞不懂小孩是怎样从电子游戏中学习的。大家通常都认为这些诱人的游戏比电视还要糟糕,孩子们会沉溺其中而变得焦躁不安。但毫无疑问,许多电子游戏也教孩子们如何制定策略、培养他们的规划能力,这种能力在他们未来的生活中大有用处。"[90]暂且不论网络游戏对大学生有多么巨大的正向影响力,但是网络游戏在一定程度上存在某种积极意义。

(1)文化联结与教育互动

麦克卢汉认为,"游戏是传播媒介""游戏是大众艺术,是集体和社会对任何一种文化的主要趋势和运转机制作出的反应。"[91]闫宏微认为游戏是文化秩序的构成因素之一,是某种特定文化和意识形态的载体,可以重新建构人们的生活[79]。北京交通大学语言与传播学院陈静茜认为网络游戏具有文化联结和教育功能,正如威廉·吉布森(William Gibson)所认为的"人们在互联网时代,是由'人们所购买的产品'产生相互连接的。"作为日常生活的一部分,网络游戏成为很多人共同交流的话题,它在一定程度上参与了社会文化和互联网文化的建构,尤其是一些具有典型中国传统文化色彩的游戏在传递中国传统文化方面发挥了一定的作用。社会互动的研究学者认为游戏是人类社会化的必要环节,具有正向意义,人类作为社会动物,在学习构建自我和社会化过程中必然会有游戏的参与,网络游戏具有社交、减压、信息搜集等教育功能,游戏的终极目的和价值是与现实的互动。

(2)排解压力,放松心情

在麦克卢汉的游戏观中,"游戏是我们心灵生活的戏剧模式,给各种具体的紧张情绪提供发泄的机会。""游戏和技术都是抗刺激的媒介,或者是适应专门化行动压力的方式:任何社会群体中都必然出现专门化的行动。游戏是对日常压力的大众反应的延伸。"[91]闫宏微梳理了席勒、斯宾塞、格罗斯、弗洛伊德、埃里皮森、皮亚杰等学者观点视域下游戏的过剩精力释放、松弛、本能练习(生活预备)、心理发展等功能,指出网络游戏为游戏者提供了身份"过滤器",让玩家在虚拟世界颠覆性快乐和压力释放的过程中肆意狂欢,就像是社会"安全阀"一样具有缓解压力的作用[79]。

来自现实中的多方面压力同时"冲向"大学生,通过实地访谈发现,不少大学生选择网络游戏的动机是排泄压力、放松心情。杭州一名大二的男生经常通过玩游戏消磨自己无聊的时光,认为游戏非常有趣,在最近玩的游戏《文明》中既能获得快乐又能锻炼脑力。有大学生直言打游戏没有什么特殊的目的,就是喜欢,因为游戏带来了很多娱乐。也有的大学生认为到电影院看电影很有意思,但是需要花钱,游戏却能在不花钱的情况下满足娱乐的需求。

(3)促进协作,改善人际交往

闫宏微认为"网络游戏有助于游戏者学习如何与他人互动,提升游戏者的人际交往技巧,增强游戏者的团队合作能力。"没有贫富地位区别的网络游戏世界,游戏者通过沟通协作共同完成游戏目标,有利于改善人际交往[79]。"玩游戏可以与其他同学有共同话题,融入他们的圈子",这是很多大学生网络游戏玩家的心声。有大学生因为熬夜玩手机,导致视力直线下降,精神状态欠佳,刚开始是因为室友喜欢在晚上玩游戏,让他难以入睡,后来渐渐成了习惯,自己也会因为玩游戏而经常熬夜。有大学生认为《王者荣耀》这款游戏真的很特别,跟朋友一起玩的过程中有一种强烈的团队归属感,真的不是一个人的荣耀,而是团队的荣耀,每当这个时候就觉得这款游戏能培养团队的凝聚力和协作精神。有调查显示,近60%的大学生玩游戏是为了与朋友们在一起玩的过程中增进友谊,可见网络游戏的社交功能在大学生群体中发挥了一定的作用。尤其是在一些偏重于多人合作对抗的游戏中,需要大家协作沟通、制定战术、精密配合,这一类游戏的社交属性发挥得更为明显,这也正好解释了为何有将近一半的大学生游戏用户选择 MOBA 类和射击类游戏[84]。

(4)自我认同与自我实现

麦克卢汉认为:"任何游戏,正像任何信息媒介一样,是个体或群体的延伸。它对群体或个人的影响,是使群体和个人尚未如此延伸的部分实现重构。""游戏是人为设计和控制的情景,是群体知觉的延伸。""在欢乐嬉戏中我们又恢复了整体人的天性,而在工作和专业生活中,我们却只能用上整体人的一小部分。"[91]黎力认为网络虚拟性的实质是人改变自身欲望的体现,它让游戏者在网络世界的互动和自我呈现中重新建构一个新的"自我"[92]。闫宏微认为网络游戏是个体身份的一种存在和情境,也是一种社会建构,可以帮助玩家在角色扮演中进行自我认同和塑造,为游戏玩家塑造另一个"自我"提供"演练场",赋予玩家更多颠覆权,帮助玩家进行彻底的社会身份的再造[79]。

大部分大学生所处的人生阶段既没有"十年寒窗苦读"后考上大学的荣耀感,也没有步入社会后平步青云或事业有成的成就感,更多的是校园日常学习、工作、生活的点点滴滴,"风平浪静""平平淡淡"的状态是很多大学生的生活写照,自我价值感在没有明显的波澜起伏和足够的惊心动魄中慢慢沉落。而在网络游戏中,通过不断地布局、闯关、解密,大学生获得了一种现实中无法言说的成就感和自我满足感。很多大学生认为之所以被网络游戏深深吸引,就是因为在游戏中获得的成就感。有大学生坦言,《纪念碑谷》这款游戏的设计非常精彩,总是有忍不住想玩的冲动,就像熬夜读侦探小说,玩一晚上游戏都不觉得累,同时还有满满的成就感。

2. 消极影响

(1)影响身心健康

大学生网络游戏行为向高频、长久的趋势发展,长时间沉浸在网络游戏中,容易出现眼睛干涩、腰背酸痛的症状,有些大学生为了玩游戏不锻炼身体、不去餐厅吃饭,久坐不动容易造成血栓、肺梗塞,特别是通宵玩游戏容易导致神经持续兴奋,心律失常,严重影响身体健康。过度沉迷于网络游戏可能会引发社交障碍、攻击性人格、网络成瘾等一系列心理障碍。中南大学湘雅二医院精神卫生研究所针对大学生网络成瘾性问题对多所高校的 3000 多名大学生进行了长期跟踪调查,结果发现,受访大学生平均每天使用手机 7~9 小时、使用手机 118 次,超过 20% 的大学生存在网络成瘾的风险,超过 30% 的大学生因为长时间使用手机和电脑出现身体不适或精神受损的情况。中南大学湘雅二医院精神卫生研究所副教授王绪轶接诊过不少因沉迷网络游戏而荒废学业的学生,他认为学生网络成瘾程度越高,孤独、抑郁、焦虑等负面情绪越多,自尊水平越低,人际交往能力越弱。中南大学湘雅二医院急诊医学教研室副主任柴湘平表示,学生通宵玩网络游戏,容易出现下肢静脉栓塞甚至肺栓塞,"电子血栓病"(因过度沉迷电子游戏而导致的血栓)成为常见病症。

案例1

21岁的小谢在湖南长沙读大学,2017年中秋节没回家的他打算利用假期和几位同学一起去网吧打游戏。沉浸在游戏中的他们在网吧一待就是三天三夜,10月4日中秋节凌晨,正在玩游戏的小谢突然开始呕吐,慢慢陷入昏迷状态,被立即送往附近医院。到达医院后的小谢仍未清醒,且右边肢体瘫痪,医生初步诊断为脑卒中,经抢救,小谢的神志才逐步恢复。

案例2

2015年12月31日晚10点,青岛一所高校的4名男生到广饶路附近的一所网吧通宵上网,2016年1月1日凌晨2时30分左右,其中一名21岁的大学生突然倒下,同学立即对他进行心肺复苏,同时拨打了120。据当时到场的一名医护人员透露,他们赶到的时候那名大学生就已经没有了心跳和呼吸,经医院抢救无效身亡,医生诊断这名大学生是心源性猝死。

(2)严重影响学业

大学生长时间沉迷于网络游戏带来的最直接的影响就是学习成绩的下滑。将过多的精力投入网络游戏,学习的时间就会大大缩水,尤其是那些整日沉溺于网络的大学生通过逃课、旷课甚至夜不归宿以"挤出"时间玩游戏,游戏中过五关斩六将的身心畅快不断麻痹这些学生的大脑,在虚拟世界的极大"满足感"中他们常常将最重要的事情抛之脑后,忘记了学习,挂科、休学、辍学让这些大学生成为学业困难户。

案例3

小云(化名)出生于贵州的一个小县城,从小刻苦学习的他如愿以偿地考上了南京的一所大学。由于大学相对宽松的环境,小云开始逃课、打游戏,期末考试有多门课程不及格,本应毕业的他只能降级,跟着学弟学妹再学一年。小云的母亲(何女士)到学校附近租了房子准备陪读,但是依然没有解决小云经常旷课的坏习惯,学习状态令人担忧,何女士多次劝说无果。万般无奈下何女士开始跟踪小云,小云发现后变得更加愤怒、不满、烦躁,认为自己对不起患重病的父亲,于是给母亲发送了疑似轻生的短信后便关了手机。何女士给小云打了十几个电话没人接,担心小云会轻生就急忙向民警求助。小云最终被警方在一家网吧里找到,民警喊了好几声才唤醒了沉迷于游戏的小云。

(3)人际关系疏离

在网络游戏的虚拟世界中,人际关系的建立更多地依赖于游戏本身的设计需要,而不是现实世界的心灵沟通,长时间游离在这种虚拟的游戏交往模式中,更习惯于以游戏中的角色进行自我定位、与游戏中的角色进行交流互动,对现实中的人际关系变得冷淡、生疏甚至逃避,对外界不关心、不在乎的"与世隔绝"状态让他们的身心变得更加封闭、疏离、寂寞、空洞甚至抑郁。游戏中的"自我意识"被大大激发,大学生可以自己"掌控"许多现实中无法实现的"权利",以自我为中心的意识在不知不觉中被萌发,一旦这种过度的自我意识进入现实人际交往,很容易被现实中的平等、包容、体谅等因素羁绊,无法享受主宰乐趣的他们会更加向往游戏中的人际关系,变得更加封闭、更加自我。同时,大学生的集体住宿生活也会受到影响,一些沉迷于游戏的大学生由于没有足够的时间自律与规范行为,经常给舍友的正常生活带来诸多烦扰。不仅是同学友谊,沉迷于网络游戏也阻断了与老师、亲人之间的感情,游戏中的一些大学生是"为朋友两肋插刀的侠士",但在现实中却是很少与师长、亲人交流联络的"陌生人"。有调查显示,20%的大学生因为沉迷于网络游戏而错失了重要的人际关系,近15%的大学生因为沉迷于网络而与家人经常起冲突,还有个别大学生因为沉迷于网络而与同学朋友打架斗殴,出现严重的失范行为。

案例4

2017年5月31日晚11点,武汉某大学的2名学生在宿舍发生斗殴的事件被网友发布在微博上,并提供了案发时的照片,2名涉事学生在宿舍的走廊中厮打在一起,血迹斑斑。据事发公寓的同学反映,2名当事人是信息管理与信息系统专业的大二学生,同住108宿舍,两人从大一开始就因为打游戏影响室友休息而有过摩擦,这次被打的就是经常打游戏的那名同学。

(4)情绪控制力下降

网络游戏中不少环节设计了打斗、暴力甚至血腥的元素,尤其是当下比较流行的重度网络游戏,强烈的感官刺激让大学生在"享受"游戏带来的满足感与成就感的过程中表现得异常兴奋与狂躁,脱离游戏后的现实生活被衬托得"索然无味"。对现实丧失了兴趣的大学生更容易在网络游戏世界与现实世界的两端表现出极端情绪,长此以往,容易滋生焦虑、愤怒、暴躁等不良情绪,情绪的自我控制力被削减,影响大学生正常的学习、工作与生活。

案例5

2006年,王强(化名)以优异成绩考入北京某大学,进入大学后学习不顺利的他却在网络游戏中找到了成就感与满足感。上大学前,他是师生关注的焦点人物,上了大学后的他没有了往日的光鲜,存在感缺失的他倍感孤独与冷落。网络世界中他结交了很多朋友,暂时摆脱了现实孤独与寂寞的他在网络世界找到了足够的精神寄托,对网络和游戏的渴求和依赖更加强烈。由于缺乏与现实中的同学的交流,王强的性格变得更加内向、自卑,对现实事物逐渐失去了兴致,经常逃课,彻夜不归。经劝告王强放下了游戏,但出现了身体不适、心烦意乱、容易激动、注意力不集中、睡眠障碍等问题,后来他再次沉迷于网络游戏。

(5) 丧失思考能力

曾任美国国家安全顾问的外交家和战略家布热津斯基提出了"奶头乐"战略,他认为全球化引发的贫富"二八分化"现象无人能解,为了让大多数无法占有资源的人更加"温顺",给他们一个安抚"奶嘴"——发泄型娱乐和满足型娱乐,从而让他们在"快乐"的刺激下麻痹大脑、安于现状,而充满娱乐性质的游戏,尤其是暴力游戏就是这安抚情绪的"奶嘴"之一。大学生通过网络游戏虽然在一定程度上锻炼了协作能力与策略布局,但是大部分学生在网络游戏中更注重感官刺激与娱乐消遣,理性思维的锻炼较少,长期沉迷于网络游戏可能引发大学生专注力下降、思维迟钝和思考能力的荒芜。

(6) 引发行为失范

暴力和色情是当下网络游戏市场吸引用户的常用手段,有些大学生因为长期沉迷于网络游戏,受游戏中暴力、色情、犯罪等不良因素的诱导,现实中性情温顺的人却在网络游戏中经常表现出暴跳如雷、脏话连篇等行为。在游戏世界里,"打架""抢劫""杀人"等现实中违犯法律的事情都是被允许的,甚至有些游戏就是以"打得狠""抢得多""杀得快"为游戏规则,虚拟世界的"生存法则"与现实世界是截然不同的,长期被这种"肆无忌惮"的"规则"影响,分不清现实与游戏的界限,少数大学生会出现触犯法律的行为。有资料显示,80%的网络游戏有暴力或暴力倾向,《中国新媒体发展报告》指出,我国游戏市场上95%的网络游戏以暴力为主要内容[93]。詹绪武认为,不良网络游戏中的暴力、色情、颓废等因素容易诱导青少年产生暴力犯罪倾向、性犯罪行为和悲观厌世甚至自杀的想法[94]。2017年一款从俄罗斯潜入国内的"蓝鲸死亡游戏",通过诱导青少年完成一系列摧残生命意志的任务——每天凌晨4:20起床、看一整天恐怖电影、在胳膊上刀刻鲸鱼图案等自残行为,一步步抹杀青少年的生存欲望,对青少年具有极强的自杀引诱力,游戏设计者被指控煽动至少16名女生参加他的蓝鲸自杀计划而被警方逮捕。

国内外一些研究学者针对暴力性网络游戏与攻击性行为的关系进行了相关研究,Gary和Markey研究发现暴力性网络游戏与攻击性行为呈显著正相关,暴力性网络游戏可以诱发更多的攻击性反应[95]。南华大学王雪琪围绕大学生攻击性行为与网络游戏成瘾的关系,选取衡阳市南华大学、衡阳师范学院和衡阳工学院3所高校周边网吧的375名上网大学生进行问卷调查,结果发现超过半数的大学生有网络游戏成瘾情况,网络游戏成瘾是攻击性行为的高危因素[96]。牡丹江医学院的李佳对34名有长期暴力性网络游戏经验和26名无暴力性网络游戏经验的男大学生进行了内隐联想测验,结果显示有长期暴力性网络游戏经验的学生的攻击性内隐社会认知测验结果显著偏高[97]。石河子大学杨飞龙对石河子大学的 273 名大学生进行了调查,结果发现暴力网络游戏的接触程度与其外显攻击性之间存在明显正相关,且男生普遍高于女生;在暴力网络游戏中,高攻击性特质的大学生更容易出现攻击性认知与行为;游戏者攻击性认知在暴力游戏中的激活会引起相应的攻击性行为[98]。

案例 6

孙某出生于河北省一个普通的农村家庭,在北京某高校读大一。脱离了高中紧张的管束模式,刚进入大学校园的孙某在大学宽松自由的环境中不断放纵自我,后来迷上了网络,从开始的课余时间上网,到旷课上网,再到整天泡网吧,网络和游戏几乎占据了她所有的时间,成绩一落千丈。由于家庭条件不好,父母所给的生活费远远满足不了自己的消费欲望,孙某动起了歪脑筋,2012 年 3 月,孙某趁宿舍没人盗窃室友张某的一张银行卡,并先后两次取走卡内 6500 元。2012 年 4 月孙某被公安机关抓获,因犯盗窃罪被北京市房山区人民法院判处拘役 5 个月缓刑 6 个月,并处罚金 1000 元。

五、大学生网络游戏行为的引导

1. 个人层面——筑牢内在防线

(1) 树立正确的网络游戏观

网络游戏是当今互联网时代的必然存在,即使可能会引发一系列负面问题,网络游戏在大学生群体中的分量和作用是其他网络文化产品无法取代的。大学生面对网络游戏首先要有正确的认知,尤其是网络游戏所蕴含的潜在的文化功能与教育功能,用一个开放的心态审视网络游戏,适当的网络游戏行为是可以起到一定的减压调适、促进交际、自我实现的作用,游戏应该为自己的学习生活服务,而不应成为主宰自己的精神"鸦片"。其次,即使自身存在网络沉溺行为,也不要用沉重的内疚感暗示自己,网络沉溺的根本不在于游戏本身,而是自身的认知偏差,是可以通过一些方式和途径从网络沉溺中走出来的。

(2) 增强内在自我控制能力

网络游戏只是生活的一部分,而生活真正的主人是大学生本人,无论网络游戏在虚拟世界里赋予了大学生多少"成就"与"满足"、"荣耀"与"地位",最终还是要回归现实生活。大学生的自控能力虽然受外界环境如网络游戏的影响,但归根结底主要取决于大学生本人。由于网络游戏行为的外在表现受个体内在认知的支配,因此提高对网络游戏的节制意识有助于增强内在自我控制能力。主动分析自身对网络游戏的态度、行为和认知,找到网络游戏对自身成长的有利因素和不利影响,重点针对不利影响进行有针对性的自我调适。

(3)提升自身网络游戏素养

中国传媒大学张开认为"网络媒介素养是在听、说、读、写的传统素养基础上又包括对媒介提供的各种信息的获取、分析、选择和运用的能力。"[87]中国社科院卜卫认为媒介素养包括对媒介的认知、对媒介问题和影响因素的了解、对媒介与现实生活不同的了解[99]。互联网时代,大学生的网络媒介素养既有外在因素的推动,也有大学生个人的自我塑造与完善,大学生网络游戏素养的提高需要加强自身对网络游戏的认识,对网络游戏可能存在的问题有所了解,对网络游戏传递的价值观念、信息内容有足够的警觉与敏锐的甄别,提高对网络游戏中的真与假、是与非、善与恶、美与丑的识别能力,增强与网络游戏相关的法律和道德意识,并充分认识到网络游戏与现实世界的联系与区别。

(4)制定明确的阶段性目标

1890年,美国心理学家威廉·詹姆斯(William James)在其著作《心理学原理》中提出"注意是聚精会神的一种思维,这种思维是以清晰和生动的形式所表现的,独立于一些同时出现的客体或一连串的思想",他认为个体为了更有效地处理一些事物必然会选择放弃另外一些事物,选择性注意的研究由此开始[100]。在外界诸多刺激中选择某些刺激或刺激的某些方面投入的注意即选择性注意,这个概念属于心理学范畴[101]。当一个人有非常明确的行动目标时,外界的其他非关键因素往往无法形成比较明显的干扰。大把的空闲时间没有明确的目标,很多大学生为了打发无聊的时间才选择网络游戏,这也说明了这部分大学生缺乏现实中的目标刺激。"为自己找点事情做,尤其是有意义的事情",这可以帮助大学生将网络游戏的注意力进行一定程度的转移。

2. 家庭层面——疏通情感障碍

(1)改善沟通方式

对待网络游戏,很多家长谈之色变,认为大学生是不能接触网络游戏的,否则很容易荒废学业、耽误前程,这是很多家长的"惯性思维",因此在对待孩子玩网络游戏的态度上非常坚决甚至强行干涉。自我意识强烈的大学生遇到这种专制型父母往往容易出现很明显的逆反心理,有时即使知道家长说的正确,但就是受不了家长那种蛮横的态度。因此,在大学生玩网络游戏这件事情上,家长应该以开放、包容、真诚、平等、信任的态度与孩子沟通。

(2)重视情感交流

很多大学生沉迷于网络游戏是因为缺乏安全感、自尊与价值感,网络游戏沉迷只是外在的表现,实则有来自认知、情感、意志等更深层次的原因,这些才是引导大学生与网络游戏和谐相处的关键。作为家长,不要只关注孩子学习成绩的高低,更应该加强对孩子的情感关注,如大学生在现实中的社交状况、情绪状态、能力匹配等。给大学生更多的爱与呵护、包容与理解,让他们在和谐温馨的家庭环境中可以诉说苦恼、寻求慰藉,淡化大学生在网络游戏中的精神寄托。

3. 高校层面——强化教育引导

(1) 强化教育,预防为主

大学生刚进入校园的关键时期,通过专题讲座、团体辅导、主题班会等形式,为大学生讲解网络游戏的特点、常见问题及应对策略,注重真实案例的剖析,强化大学生对过度沉迷玩网络游戏可能产生的负面影响的认识与警觉,加强对大学生的网络心理健康教育。定期对大学生的网络游戏行为进行系统、全面、专业的排查分析,对有沉迷网络游戏行为倾向的大学生进行重点关注。

(2) 合理应对,及时疏导

对于有网络游戏沉迷行为的大学生采用科学合理的干预措施,心理健康指导中心的专业老师、一线教师、学工队伍相关人员、宿舍管理人员等形成全员育人的氛围,心理健康指导中心的专业老师围绕有网络沉迷行为的学生进行有针对性的咨询辅导,一线教师加强课堂管理、净化教学氛围,学工队伍相关人员和宿舍管理人员加强教育疏导,给他们更多的温暖与关怀,走进他们的内心,了解他们的情感困惑,帮助这些大学生及时走出网络游戏沉迷的阴霾。

(3) 以文化人,助力成长

网络游戏沉迷行为的引导关键在"疏"不在"堵","恰到好处"的干预比"过犹不及"的禁止更有利于大学生网络游戏沉迷问题的解决。高校应该为大学生的健康成长创造良好的环境,通过丰富校园文化活动,吸引大学生积极参与,为他们展示自我提供多样化平台,尤其是围绕网络游戏沉迷的大学生开展有针对性的校园文化活动,让他们在参与集体生活的过程中体会现实交往与展示自我的真实感受,增强他们的集体归属感、责任感与价值感,用积极向上、大学生喜欢的校园文化主旋律"润物细无声"地引导他们正确地与网络游戏"打交道"。

4. 社会层面——共建良好氛围

(1) 弘扬主旋律,发挥正能量

2016年4月19日,习近平在网络安全和信息化工作座谈会上强调:"网络空间是亿万民众共同的精神家园。网络空间天朗气清、生态良好,符合人民利益。网络空间乌烟瘴气、生态恶化,不符合人民利益。我们要本着对社会负责、对人民负责的态度,依法加强网络空间治理,加强网络内容建设,做强网上正面宣传,培育积极健康、向上向善的网络文化,用社会主义核心价值观和人类优秀文明成果滋养人心、滋养社会,做到正能量充沛、主旋律高昂,为广大网民特别是青少年营造一个风清气正的网络空间。"网络作为一个融合多方信息、多元文化、多种思想的大熔炉,对大学生的世界观、人生观、价值观产生了不可低估的影响,应该大力弘扬社会主义核心价值观,用积极正能量感染、凝聚、引导大学生,提高他们分辨是非曲直的能力,陶冶大学生的高尚情操,激发大学生的社会责任感。

(2)完善法律法规,加强社会监管

加快网络游戏方面的法制建设进程,尽快出台规范网络游戏市场的法律法规,用法律强有力的约束规范网络软件开发商和网络游戏运营商的认知与行为。同时,发挥社会舆论与监督主体的作用,畅通网络游戏信息反馈渠道,对传播不良信息的网络游戏相关组织与个人加大惩治力度,引导他们自觉规范网络游戏设计与服务,摒弃为了最大化赚取收益而牺牲大学生利益的狭隘思想,用积极、绿色、健康、共享的网络游戏产品摆正网络游戏市场发展的大方向,真正发挥好网络游戏作为网络文化产品所应该发挥的文化联结和教育引导的功用,从而实现网络游戏生态环境的净化。

第八章
大学生网络犯罪行为及预防

网络犯罪是指以计算机信息系统和网络为侵害对象或者利用网络实施的犯罪,网络既可能是网络犯罪的侵害对象,也可能是网络犯罪的工具,网络犯罪具有犯罪成本低、隐蔽性高、智能性强、跨国性日益常见、查处难度大等特点[102]。

根据中国司法大数据研究院提供的报告《网络犯罪特点和趋势(2016.1—2018.12)》显示,近几年我国网络犯罪案件数量及占比逐年升高;大部分网络犯罪案件分布于东南沿海;多人作案尤其是3人及以上的团伙网络犯罪案件数量占比逐年升高;75%的网络犯罪被告人年龄在20~40岁之间;近40%的网络犯罪被告人从事信息、软件、计算机服务等行业;近32%的网络犯罪案件涉及网络诈骗,网络诈骗犯罪案件占诈骗案件总数的比例逐年升高,尤其是福建、江苏、海南、浙江、广东等地区法院一审受理的网络诈骗案件占比较高;2018年以微信、QQ和支付宝为犯罪工具的案件数量占比分别为42.21%、35.23%和15.28%,微信成为网络诈骗中最常用的犯罪工具;网络诈骗实施过程中,不法分子多以冒充他人身份、招聘、征婚交友、广告等方式或话术欺骗受害人,其中冒充他人身份和招聘相关案件数量较多[103]。

当今社会,多数大学生都能做到遵纪守法,但是也不乏一些大学生不惜触犯法律,表现出不同形式的网络犯罪行为,成为当下大学生犯罪行为中需要高度重视的焦点领域。

一、大学生网络犯罪行为的类型

1. 以网络为犯罪工具

(1)网络诈骗

网络诈骗是传统诈骗的异化,是网络犯罪中数量最多、犯罪黑数较大的犯罪形式,一般指以网络为媒介,以非法占有为目的,用虚构事实或隐瞒真相的方法骗取数额较大的公私财物的行为[104]。当下网络支付快速发展,尤其是延迟支付方式的出现,一方面为人们的生活提供便捷,也为一些不法分子提供了诈骗的渠道与工具。常见的网络诈骗多是依靠网络支付手段,通过隐瞒个人身份、冒充他人身份,发布虚假招生、招聘、兼职、交友、交易、中奖等信息以骗取他人财物,或通过窃取他人网络平台账号、银行卡信息等侵害财产的行为。

案例1

2012年2月,韩国组合Super Junior在中国巡回展演的门票在演出开始前1个月就销售一空。某网友在拍卖网站上拍卖演出门票,一个粉丝毫不怀疑地汇款3万元要买10张门票,可是钱打到了对方账户后却迟迟没有收到门票,无奈之下这名粉丝只能报警。经警方调查,涉嫌诈骗的张某是一名女大学生,张某想买名牌产品,因为缺钱才出此下策,那3万元钱被张某在短短一天内全部花光。

案例2

2018年4月13日,厦门集美警方接到群众报案,多名学生被人以"投资返利"的名义套取钱款。经警方初步调查,涉案人是来自福建莆田的21岁女生黄某,是厦门某高校的一名大三学生。自2017年12月起,黄某以吸引投资并承诺高额利息为名,骗取多名大学生通过直接转账汇款或"蚂蚁花呗"套现等方式套取钱款,同时发展了3名下级,先后有160余名大学生被骗200多万元。4月15日,经办案民警规劝,犯罪嫌疑人黄某主动投案。

案例3

汪某是湖南湘潭一所大学化学专业的大三学生,2017年一次偶然机会汪某发现了京东白条存在无须本人实名认证,无须绑定银行卡,使用他人信息就可以注册账号并赊账消费的"漏洞"。2017年2月,汪某从学校附近网吧花了200元买了一名大学生的身份证,通过学信网查询到学籍信息后申请京东账号,并开通白条。随后,汪某和老乡张某拿着买来的身份证到相应学校进行现场面签,一番简单的问答后顺利通过京东面签官的审核,汪某用该京东账号购买了一部6000多元的手机,之后两人把手机寄到深圳以5200元的价格销赃。尝到"甜头"的汪某和张某开始"招兵买马",汪某负责购买身份证和电话卡、销赃物品,汪某高中同学李某等从学信网上查信息、申请开通白条、给张某传送资料。汪某安排两名大学生负责下单、收货、面签。2019年3月8日,汪某等9人因诈骗京东公司110万元被以诈骗罪判处有期徒刑10年9个月至1年2个月不等,这9人中有4名是大学生。

(2)网络谣言或舆论攻击

网络谣言与传统谣言没有本质区别,网络谣言是借助网络媒介进行生成、发布或传播的谣言,常见的网络谣言涉及政治、军事、经济、社会等领域,对社会的危害性极强。有学者认为谣言是环境危机的产物,是没有任何根据、带有诽谤意见倾向、具有攻讦性的负向事实描述,谣言既是社会危机的产物,又是以某种社会变动为背景进行的虚构传播[105]。"谣言是一种以公开或者非公开渠道传播的对公众感兴趣的事物、事件或问题的未经证实的阐述或诠释。"[106]一些法律意识淡薄的大学生为了提高自己的网络"名气",不惜夸大甚至扭曲事实,在网络中故意发布一些容易引起大众恐慌甚至严重扰乱社会公共秩序的文字、图片、视频等信息,或是明知是谣言还故意传播,或是在网上发表要实施放火、爆炸、投放危险物质等扰乱公共秩序的行为言论。

案例 4

2011年10月20日,重庆某大学土木建筑学院2006级学生皮某,从母亲那听说老家出现犯罪分子疑似用毒针扎小孩的事件,未经证实的情况下在百度贴吧发表题为"我热,针ci事件居然闹到重庆了"的帖子,想提醒同学们注意安全、保持警惕。帖子一经发表,信息在学生群体中迅速传播扩散,引起了一定程度的恐慌。皮某因违反了相关法律规定,被警方给以治安拘留3日的处罚。

案例 5

2014年10月18日凌晨2时左右,网友"腾讯大闽网"在新浪微博上发布了一条"昨夜凌晨,在学生街KK酒吧楼下发生打架事件,造成一死两伤"的博文,并附有多张照片。很多网友误认为是官方信息,在网上进行大量转载与评论,传播速度之快相当惊人,截至18日上午10时,谣言就被转发、转载、评论数百条,浏览量达数万次,造成了不良的社会影响。经警方调查,所谓的恶性斗殴事件实际上是6名青年酒后争执、拉扯,1名男子因不胜酒力醉倒在地,2名男子瘫坐在地,并无斗殴死伤情况。18日下午5时左右,警方找到了"腾讯大闽网"杨某,22岁,福建人,是福建某高校的一名大三学生,18日凌晨0时许,杨某与网友在微信聊天时得知KK酒吧附近有人打架,好像一死两伤,并获得部分现场相片。杨某觉得这是一个提升网络"知名度"的好机会,未经核实就发布了微博。

"网络水军"既包括网络公关公司及雇佣人员,也包括处在整个产业链最低端、直接实施网络炒作的网络人员。2003年左右网络炒作意识刚开始萌芽,如今的网络水军已经形成了完整的产业链,而大学生一般聚集在网络水军群体的最底端,每天游走于论坛、贴吧、QQ群或微信群、微博等各大社交媒体,通过频繁的发帖、删帖等"灌水"行为,虚造声势,因技术含量低,这部分大学生赚取的收益相对微薄。江苏警官学院王天敏等对江苏地区的大学生进行抽样调查发现,超70%的网络水军认为大学生是"呼之即来"的"忠实"力量,由于网络安全与道德法治意识的淡薄,加之对物质利益的盲目追逐,一些大学生加入网络水军的大队伍,但由于能力匹配度较低和经济条件有限,大部分学生网络水军处在整个群体最底层,每天通过大量注册账号并疯狂"注水",靠虚假宣传、舆论攻击、炒作网红、人肉搜索、维护"正义"等违背公序良俗的行为游弋于网络[107]。

随着智能手机应用的普及,截图、转发、评论成为很多大学生的日常行为。

一些大学生在自身言行受到质疑或维护权益受阻后,为了"出口恶气"或"维护权益",不顾场合与身份,不计后果地将事件的片段信息或主观臆断发布到网上,试图吸引更多人的关注与认同,这种行为极易引发大范围的舆论风波,造成涉事双方都无法控制的舆论危机,最终给涉事双方都带来了不可估量的影响。

案例6

2019年6月,成都某大学副教授郑某给学生布置了一篇关于创新话题的论文作业,某学生引用中国四大发明,老师认为学生选题有误,学生认为老师故意刁难,师生双方在课程QQ群里起了争执。郑某称"四大发明在世界上都不领先""中国古代没有实质上的创新",被学生质疑侮辱四大发明,有学生将聊天截图发到某问答平台,并把老师连名带姓地披露一番,随后事态不断被扩大,老师和学生都卷入了舆论旋涡。依据相关规定,学校认定郑某有师德失范行为,取消其评奖评优、职务晋升、职称评定资格,停止教学和研究生招生资格,期限为24个月。

(3)网络侵权

互联网带动了知识经济的迅速发展,知识变得数字化、信息化、网络化,网络侵权行为也随之高发,成为不可忽视的网络犯罪行为之一。与传统侵权行为不同,网络侵权具有数量多、高智能、低成本、侦破难度大等特点。一部分大学生由于法律意识淡薄,在未经知识产权所有人许可的情况下,利用网络非法传播使用商标、专利、著作等以获取利益,一些行为严重的还会构成侵犯知识产权罪。有的通过网络获取他人信息,侵犯他人隐私,用于非法营利。

案例7

李某是成都某高校2013级建筑与设计学院城乡规划班的一名大学生,在校3年连续参与5次SRTP项目,成为2016年学校最高荣誉"竢实扬华奖章"候选人。为了得高分拿奖学金,李某剽窃抄袭他人作业,从网络上购买课程设计方案,在淘宝便利上发表论文与专利,利用PS更改学习绩点信息,他的论文《成都市建筑垃圾减排及资源化利用的阻碍性因素研究》和《成都市中心商业区建筑废弃物现状的研究》均抄袭2014年本校硕士生陈某的学位论文《成都市垃圾减排及资源化利用研究》,重复率非常高。2016年11月24日晚,学校百度贴吧出现了李某所在班级的联名举报信,举报李某在评奖评优和学术研究中存在弄虚作假、剽窃抄袭、非法交易等不端行为。11月27日下午,学校发布通告取消李某本次"竢实扬华奖章"评选资格并针对其学术诚信问题进行调查。

案例8

陈某是一名在校大学生,2018年8月,陈某从网上得知倒卖个人信息来钱快并开始留意相关信息。2018年年底,陈某通过贴吧认识了网友"颜如玉",在其指引下,陈某很快从网上联系到持有大量公民姓名身份信息的"客户","颜如玉"用"客户"提供的姓名和身份证号查到手机号后,以每条2.7~4元的价格打包卖给陈某,陈某再以每条3~4.5元的价格倒卖,从中赚取差价。2019年1月至5月,陈某通过倒卖公民个人信息赚了15000多元。5月8日15时许,陈某在学校宿舍被公安机关抓获,经鉴定,陈某的两部手机中共存有公民个人信息11134条。8月,陈某因犯侵犯公民个人信息罪被判处有期徒刑10个月,缓刑1年,并处罚金2万元。

(4)网络色情

当前我国法律对于网络色情犯罪的概念没有明确的界定,有学者认为网络色情犯罪有三种情况,一是以牟利为目的利用网络制作、复制、贩卖、传播淫秽色情信息的行为,二是不以牟利为目的传播淫秽色情信息情节严重的行为,三是引诱、组织或介绍卖淫等犯罪的行为[108]。鱼龙混杂的互联网中充斥着不少淫秽色情信息,有时随手点开网页就会弹出穿着暴露的女性图片或配以极具色情诱惑的字眼吸引浏览者的点击,一些抵抗力较弱的大学生容易受其影响,甚至加入传播淫秽信息的非法行列。尤其是视频、直播等新兴媒体的发展,为一小部分无视法律的大学生的涉黄、传黄、贩黄行为提供了"便利"平台,这不仅对大学生的身心健康造成负面影响,更带来了极为恶劣的社会影响。刚刚大学毕业的邓某是厦门第一起网上传播淫秽信息刑事案的主犯,厦门某大学外语系大二女生洪某自刻"黄碟"在网上售卖被警方抓获,这些案件背后折射出的当前部分大学生参与网络色情的状况令人担忧[109]。

案例9

2003年4月,在重庆市某高校读计算机专业的杨某和曹某为了赚钱,先后租用郑州和上海的服务器,申请了www.vod8.cn和www.haokan.cn两个域名共同组建了"黄金影院"网站。2004年1月,两人依托网站向网友提供黄色电影有偿服务,注册会员的网友通过多种付款方式进行付费观影。2004年7月,重庆市公安机关将杨某和曹某抓获,"黄金影院"网站被查获。经警方调查,两人通过网络提供了20部淫秽电影的链接,电影点击量超过41万次,网站吸收了近2万名会员,杨某收取会员费8万余元,曹某收取会员费4万余元。9月28日,重庆市渝中区法院一审判定杨某与曹某构成传播淫秽物品牟利罪,两人分别被判处有期徒刑7年并处罚金1万元和有期徒刑4年并处罚金5000元。

案例10

18岁的洪某是厦门某高校外语系的一名大一学生,因家境贫困无力支付学费,自2003年5月起,洪某购置了电脑、刻录机、光盘等作案工具,从网上购买淫秽碟片后自己复制刻录242张光盘,以每张5.5~8元的价格卖出167张,她通过网络吸纳会员、扩大光碟销售数量,造成了相当恶劣的影响。2004年4月,正读大二的洪某因通过网络售卖黄碟被警方查获。

案例 11

95后杭州女生晓晓(化名),是浙江某高校一名在校大学生。她用母亲的支付宝账号借了3万元给前男友,因无钱还账被另外一名男子怂恿录制淫秽视频发到了网上,一名冒充深圳网警的男子将晓晓骗到深圳后,晓晓正式走上了"黄播"的道路。2017年12月,晓晓开始在App上做黄播,因为是在校大学生,晓晓通常在晚上室友睡着后拉起床帘做直播。从2017年12月到2018年5月,晓晓通过黄播赚了6万元。2018年5月,3个号称"美少女直播"的涉黄App被警方捣毁,包括晓晓在内的93人被抓,晓晓也被学校开除了学籍。

(5) 网络赌博

网络赌博犯罪是以营利为目的,以电信网络、广播电视网和计算机通信网等网络为赌博场所或媒介,开设赌场、聚众赌博、以赌博为业的犯罪[110]。网络赌博因种类繁多、操作简单、支付方便、相对隐匿而深受赌徒的喜爱,赌球、骰宝、网上百家乐、轮盘等都是常见的网络赌博方式。近几年,大学生参与网络赌博的案件频发,大学生因为赌博输光学费和生活费、陷入网贷、抢劫偷盗的事件时有发生,还有的大学生组织网络赌博成为"老板"。2020年1月16日,公安部召开新闻发布会,通报了2019年公安机关破获的十起网络赌博典型案件,据海南省公安厅治安总队杜衡介绍,"9·01"网络赌博诈骗案是典型的"杀猪盘"违法犯罪,在抓获的151名犯罪嫌疑人中,90后123人,95后73人,在读大中专学生13人。在公安部公布的这十起典型网络赌博案件中,涉及网络赌球、视频赌博、棋牌赌博、宣传推广赌博网站、销售赌博网站代码和打水软件等六种网络赌博类型。

1979年,美国心理学家卡尼曼提出了"前景理论",发现个体对获得和损失的敏感程度不一样,个体面对损失的痛苦要远大于获得的快乐,个体决策的不确定性让个体面对获得时通常表现为风险规避型,但当面对损失时,大部分个体往往变成敢于冒险的风险偏好型[31]。在网络赌博中一旦出现损失,个体往往会变得更加冒险,容易产生孤注一掷的行为,从而引发更大程度的赌博倾向,所以一旦接触了网络赌博,一般情况下不会因为损失一次就能自动退出,反而往往变得"越挫越勇"。

案例 12

2016年9月,出生于四川的黄某就读于某高校数学与计算机学院,高考结束的那个暑假黄某开始接触网络赌球,在小小的"营利"后黄某在赌球的路上越走越远。进入大学后的黄某依然沉溺于网络赌球,很快就将自己的学费和生活费输了个精光。身无分文的黄某又向亲朋好友借钱,随后又从网贷平台借钱,因贷款利息越滚越多而无力偿还,黄某被各种催款压迫,精神到了崩溃的边缘。

案例 13

2012年,19岁的张某是某大学的一名大一学生,网络游戏技术精湛的他因此获得了额外的收入,是同学眼中的"游戏迷"。大一结束后,张某不顾家人的强烈反对毅然休学,在家做起了网络游戏装备的买卖工作。2013年7月,张某通过社交平台无意中接触到一个网络赌博的群,抱着试一试的心态投入网络赌博结果血本无归,沉迷其中的张某十分看好网络赌博,他自己"学习摸索",渐渐掌握了网络赌博门道。2013年10月至2014年10月,张某在出租房里购置作案工具,伙同王某、蔡某等人开设网络赌场,非法获利20万元。张某因开设赌场罪被判处有期徒刑2年,并处罚金10万元。

(6)网络销售违禁物品

国家文物、珍稀野生动植物、雷管炸药、枪支弹药、管制刀具、易燃易爆物品、毒品、管制药品等都是违禁销售的,但是受巨额利润的诱导,加之互联网的隐匿性和便捷性,一些不法分子通过网络非法销售禁售物品,严重影响社会秩序。

案例 14

崔某是西安某高校的一名在校大学生,大二那年,崔某借钱在学校附近开了一家宠物店。后来接触到了蟒蛇、蜥蜴等动物,得知濒危动物交易有利可图,崔某从上家提货后,将外地运来的珍稀动物放置在出租屋里,崔某通过网络发布售卖濒危野生动物的信息,通过快递或大巴车将动物运送给买家。2015年4月,以崔某、訾某、杨某为核心,涉及全国20多个地区、涉案动物1129只、涉案金额高达1085万元的特大网络贩卖珍贵濒危野生动物案被警方破获,据办案民警介绍,这起案件的犯罪嫌疑人大部分是在校大学生。

案例 15

20岁的郑某是石家庄某高校的一名在校大学生,2018年2月,从小喜欢研究枪械的"军武迷"郑某从网上买了一把火药枪,熟悉枪支制作的他动起了制枪卖枪挣钱的念头。后来,郑某开始改装购买的火药枪和发令弹,通过网络找人加工枪管和配件,组装成枪支在网上售卖。2018年6月,郑某等10人因涉嫌网络贩卖枪支被警方抓获。

案例 16

2015年1月初,在重庆某重点高校戏剧影视文学专业读大一的陈某,"为了筹钱买装备",在上网聊天时被拉进一个贩卖吸食大麻的群,在群里他第一次拿到了大麻。之后他通过网络发布大麻销售信息,以邮寄核桃为掩护多次向江苏、上海、武汉等地售卖大麻。5月4日,陈某向家住北京昌平的郭某贩卖5.04克大麻。5月15日陈某被公安机关抓获,从其宿舍内搜出522.78克毒品。9月23日下午,陈某因涉嫌贩卖毒品罪在昌平法院出庭受审。

（7）网络传销

与传统意义的传销类似，网络传销就是借助于网络发展会员，收取会费，然后一级级向下发展，从而获取非法收益的行为。近年来，大学生陷入传销组织的新闻报道较多见，但是也有一些大学生通过网络干起了传销的"业务"。

案例 17

吴某，是武汉某大学的一名大学生，2013 年 12 月初，吴某与张某、孙某在一个网络传销 QQ 群结识，张某提议"开一盘"，3 人一拍即合，又吸引了 3 名骨干后，传销网站于 12 月 26 日正式运营，吴某担任网络传销工作室的负责人，他们组织的一个名为"美国 CAS 风险投资控股集团"网络传销活动涉及全国 29 个省市的 76124 名会员，涉案金额达 3000 万元。2014 年 9 月，公安部门将主要犯罪嫌疑人全部抓获。

2. 以网络为犯罪对象

依托网络技术，攻击对方计算机系统或者网站后台，进行数据篡改、机密窃取、病毒传播等，导致对方系统或网站瘫痪，不仅会造成巨大的经济损失，还会严重危害国家网络安全。由于大学生掌握较多的科学知识，因此网络犯罪行为通常伴有高智能的犯罪手段，通过制作杀伤力强的电脑病毒、钓鱼软件或链接等，容易引发大范围的负面影响。如 20 世纪 90 年代，由中国台湾大学生陈盈豪编写的 CIH 病毒引起了全球范围的计算机灾难，2006 年年底由李俊制作的"熊猫烧香"病毒在短短数月内攻击了无数电脑系统和网站，造成无可估量的损失。

案例 18

19 岁的李某是某大学软件工程专业的一名学生，2014 年暑假到深圳探亲，为了证明自己，李某制作了"XX 神器"恶意木马病毒。8 月 2 日，不少报案群众反映，点开手机短信"XXX 请看 http://……"后，一款名为"XX 神器"的软件就会被下载，继而通讯录和短信被盗取，短信再次群发给通讯录联系人以实现大范围的爆炸式传播，当天 18 时左右，李某被警方抓获。经初步调查估计，李某制作的恶意程序影响覆盖用户规模超百万。

案例 19

22 岁的李某是济南市某高校计算机专业的一名学生，2008 年从小喜欢研究电脑技术的李某利用黑客技术攻击自考办、高校和人事部门的网站，篡改数据库资料，把购买假证的买家信息加进系统，以便通过相关发证部门的网上验证，造成证书均可以上网查询的假象。他们所做的证件涉及大学毕业证、会计师证、医师执业资格证、职称证书等数十种，价格 2 万～5 万元不等，李某负责技术，哥哥负责发广告揽生意。短短 3 个月，来自 10 个省市地区的 3000 多人向他们购买假证，他们赚了 100 多万元。5 月，24 名犯罪嫌疑人被警方逮捕，李某被判处有期徒刑 4 年零 9 个月。

二、大学生网络犯罪行为的特点

1. 网络犯罪数量增多

2019年11月,最高人民法院公布了《司法大数据专题报告之网络犯罪特点和趋势》,2016—2018年,网络犯罪案件数量及占刑事犯罪案件总量的比例逐年升高,尤其是2018年,案件数量较上年同比增幅50.91%[103]。

2016年东北林业大学袁旭围绕大学生网络道德问题对全国47所高校的4769名大学生进行调查,结果发现,近13%的大学生存在网络语言暴力行为,超过85%的大学生存在网络抄袭行为,近60%的大学生存在侵犯他人隐私或知识产权等网络侵权行为,近48%的大学生对网络涉黄持认可态度,近80%的大学生认为网络黑客不违法[111]。2017年杨静等对贵州省3所高校和四川省2所高校的898名大学生的网络道德状况进行了调查,结果发现,近半数大学生有网络语言暴力行为,超过70%的大学生有网络浏览黄页的行为,近40%的大学生对人肉搜索持认可态度。而根据最高人民法院与最高人民检察院2017年5月给出的解释,人肉搜索可能触犯刑法[112]。2018年延安大学陈永祝对陕西省4所高校的438名大学生进行网络道德抽样调查,结果发现,近25%的大学生存在网络语言暴力行为,50%左右的大学生存在网络抄袭和虚假身份使用的行为,近15%的大学生存在侵犯他人隐私的行为,20%左右的大学生存在散布网络谣言和网络欺骗行为,近35%的大学生分不清现实与网络,近18%的大学生存在网络涉黄行为[113]。

从近几年学者对大学生网络道德的实证调查结果可以看出,有相当一部分大学生对网络语言暴力、网络涉黄、网络侵权、网络抄袭、网络黑客等不良行为的评判意识模糊,导致大学生群体潜在的犯罪诱发因素较多,潜在的犯罪风险系数较高,犯罪行为苗头较盛。显性约束力相对薄弱的网络环境为大学生的行为失范提供了滋生的温床,一些大学生游走在法律与道德的夹层中,在不触碰法律红线的同时不断挑战道德底线,为网络犯罪埋下了多重隐患。

2. 网络犯罪影响广泛

当前大学生网络犯罪涉及政治、经济、文化、社会的方方面面,泄露国家机密、网络黑客、网络诈骗、网络赌博、网络传销、网络谣言、网络涉黄等犯罪行为时有发生,犯罪形式多种多样。大学生由于具有相对较高的智商水平,往往借助于隐匿的网络手段和较高水平的作案手法实施犯罪,加之网络犯罪不受时间与空间的限制,犯罪门槛和犯罪成本相对较低,借助于网络实施的犯罪传播速度快,在地域上呈现出覆盖范围广的特点,甚至出现跨区域、跨境性质的网络犯罪,在人数特点上有单独犯罪也有涉众犯罪。当前网络犯罪呈现新的发展趋势,网络犯罪向分工明确、多人合作的集团化方向发展,变得更加复杂化、成熟化甚至产业化,随着互联网与工业、服务业的密切融合,网络犯罪的触角通过物联网向多领域渗透,严重影响社会安全秩序,以网络"地下论坛"和"犯罪服务市场"为代表的地下网络犯罪服务业更加发达,形式多样的犯罪服务应有尽有,为网络犯罪的"繁荣"提供了有利条件[104]。

3. 犯罪动机相对单一

除了因为缺乏防范意识被其他不法分子拉入网络犯罪的情况,多数大学生之所以走上网络犯罪的道路,是为了谋取经济利益,有些大学生是为了满足自己的虚荣心与物质欲望,崇尚享乐、好逸恶劳,有些大学生因为沉溺网络游戏、网络赌博或深陷网贷旋涡,需要大量资金支持,经济来源相对有限的大学生为了快速赚到钱铤而走险。还有一部分大学生网络犯罪的动机并不明确,有些大学生是出于猎奇心理,有些是为了寻找刺激感,有些单纯是为了"证明"自己,还有一些大学生的网络犯罪行为是无意识的。虽然大学生网络犯罪的数量增多、形式多样,但由于大学生生活阅历尚浅,社会接触面相对较窄,多数大学生实施网络犯罪是一时起意,并没有充足的犯罪经验和系统的犯罪理念,想法相对单纯,总体而言,大学生网络犯罪的动机相对单一。

三、大学生网络犯罪行为的原因

关于犯罪原因,湖南人文科技学院颜小冬在《当代大学生犯罪问题研究》一书中做了详细阐释,认为犯罪原因具备社会性、综合性、复杂性和系统性的属性,广义的"犯罪原因"指多种犯罪因素构成的能引起犯罪行为发展和犯罪现象存在、变化的系统,狭义的"犯罪原因"是指能相对独立地引起犯罪结果发展和犯罪现象变化、有较大致罪力量的现象及过程。按照作用层次,犯罪原因分为犯罪现象原因、犯罪类型原因和个案犯罪原因三种。大学生犯罪的宏观因素包括社会因素、文化因素、家庭因素和学校教育因素等方面,微观因素主要涉及大学生个体犯罪心理的影响因素[114]。

从宏观角度说,大学生网络犯罪是一种复杂的社会现象,从微观角度讲,网络犯罪是反映大学生个体的一种行为,大学生网络犯罪既有来自个体本身的主观因素,也有来自个体所处环境的客观因素。这里从网络技术、社会经济、社会文化、社会监管、家庭与学校教育、个体因素等层面分析大学生网络犯罪行为产生的原因。

1. 网络技术层面

现实生活中个体或组织的行为受价值与道德的约束,而网络的外在控制力相对薄弱,于是人们内心潜藏的想法就会冒出来甚至被放大。现实生活中的犯罪行为受到更多时间、地点和条件的限制,而网络的便捷性、隐匿性、开放性、交互性等特点为网络犯罪分子提供了更多的可能性,网络犯罪具有成本低、传播快、范围广、交互强、高隐蔽、取证难等特点。网络成瘾中心创办人、匹兹堡大学心理学教授金伯利·S.扬在其著作《网络心魔——网瘾的症状与康复策略》中提到,网络成瘾与网络交往的匿名性、方便性和逃避现实性有关,作为个人属性隐没的非评价状态,网络匿名性会使社会规范约束力下降、行为冒险性增加、"去个性化"倾向增大,网络攻击、网络色情、网络欺诈、网络犯罪等都与网络的匿名性有关[42]。网络社交的极大丰富让很多鱼龙混杂的信息直接呈现给大学生,一些大学生走向网络犯罪是受网友的蛊惑或欺骗,继而走向犯罪的深渊。网络的隐匿性让一些大学生有种披上了"隐形衣"的错觉,这让他们有了越矩的"勇气"和"安全感","试一试又何妨"的侥幸心理让一些大学生将现实中无法实现的想法转移到网上。同时,网络自身的系统漏洞与技术安全缺陷让一些精于计算机技术的大学生钻了空子,通过制作病毒、钓鱼网站或链接等,破坏社会秩序,窃取信息,从而满足自身扭曲的"成就感"或非法谋取经济利益。

2. 社会经济层面

商品经济的充分发展,填补了传统商品与政治、经济、文化、教育、宗教等领域的鸿沟,任何层面的事物都被"明码标价"变成可以交易的商品走向市场,"没有买不到的商品,只有你想不到的商品"。物质极大丰富的市场经济在一定程度上刺激了大学生的物质消费欲望,高档消费、超前消费、盲目消费的风气在大学生群体中慢慢散开,有限的经济收入无法满足日益膨胀的物质需求,一些大学生为了多赚钱、赚快钱而走上了网络犯罪的道路。颜小冬认为商品经济的负面影响与刑事犯罪的联系主要体现在商品经济的竞争性、物化性、市场性、分化性和货币化等方面,商品经济下激烈的竞争诱发了投机和冒险的想法,甚至不惜一切追求利益最大化,商品经济的物化性让"金钱万能""有钱能使鬼推磨"等拜金思想不断被扩张,商品经济的市场性让整个市场的财、物、人处于频繁的流动而为犯罪分子"创造"了许多生存空间,商品经济的分化性让社会贫富差距拉大、心理失衡和逆反心理加重,商品经济的货币化让拜金的物质欲望更加强烈[114]。

3. 社会文化层面

网络世界交织着来自不同地域、不同民族、不同阶级、不同国家的多元文化,有些文化对我国勤劳、善良、朴实、诚信等优秀传统文化产生了强烈的冲击,尤其是一些敌对势力,更是将文化思想渗透的矛头指向了价值观尚未完善、思想单纯而又崇尚个性、去权威、去中心、感性冲动的大学生,充斥着腐朽气味的文化弥漫在大学生的身边,无形之中享乐主义、拜金主义、极端个人主义等不良思想在大学生群体中滋生蔓延。同时,网络游戏、网络视频、网络新闻、网络文学等网络文化产品中的暴力、色情、犯罪等元素不断冲击大学生的价值取向,凶杀、抢劫、殴打、涉黄等现实生活的犯罪行为在网络世界中甚至变成了"合法"行为,一些长期沉浸网络的大学生容易淡化对这些犯罪行为的意识、敏感性和控制力,产生相似行为的冲动性增强,无形中助长了网络犯罪的可能性。

4. 社会监管层面

一方面,因为网络的快速发展,网络犯罪不断呈现出新花样、新特点,复杂的网络环境和社会变化不断衍生出新式的网络犯罪,隐蔽性增强,相关侦查技术和破案经验的更新速度远不及网络犯罪的更新速度,这对网络监管部门和执法人员的工作提出了更高的挑战难度。另一方面,我国针对网络犯罪的相关法律法规仍不健全,一些游走在法律灰色地带的网络违法行为无法找到准确的立法依据,导致不法分子钻法律的空子而"逍遥法外"。

5. 家庭学校层面

美国犯罪学家赫希认为任何人都是潜在的犯罪人,如果青少年在面临犯罪诱惑时不考虑父母对他们行为的态度和反应,他们就可能出现犯罪行为。有大量研究资料表明,家庭与青少年犯罪的关系最直接,家庭对大学生犯罪心理的产生有最突出的影响。家庭成员不完整、家庭经济困难、家人关系不和谐、家庭成员有违法犯罪行为、家庭教育缺失等方面的因素都会对大学生犯罪产生不良影响。学校教育层面,由于部分高校思想品德教育、人文素质教育、校园文化建设、学生管理体制等方面的工作不到位、不深入,导致"有章不循""有禁不止""有违不抓"现象普遍存在,为大学生提供了网络犯罪的温床,埋下了较大的安全隐患[114]。

6. 个体因素层面

处在青春期后期的大学生在生理方面逐渐成熟,性意识不断萌发,对异性的交往需求增大,网络社交的虚拟性和开放性为大学生的人际交往提供了无限可能,在快乐得到满足的同时,一些自制力较弱的大学生开始逐渐堕落,浏览黄色网页、发展不健康的网恋关系、放纵自我,长此以往可能会导致走向网络色情犯罪的深渊。由于大学生自身对法律知识掌握有限,网络法律意识相对淡薄,对网络中的不良信息缺乏有力的分辨和抵抗能力。一些大学生将开放、隐匿的虚拟网络世界当作发泄情绪、满足欲望、"证明"价值的"隐秘"场所,现实中不敢说的话、不敢想的事、不敢为的事在网络中找到了释放的"窗口",没有显性外在约束的网络环境让大学生的道德意识出现不同程度的滑坡,道德约束感逐渐被削弱。大学生所处的年龄阶段有较强的猎奇心理、攀比心理、从众心理、侥幸心理和表现欲望,容易被网络上不良的思想、言论、事件、人物影响,加之一些大学生沉溺于网络,网络中的暴力、色情、犯罪、低俗等不良信息的长期侵蚀容易让大学生迷失自我,诱发网络犯罪行为。

四、大学生网络犯罪行为的预防

大学生犯罪心理的形成一般包括犯罪心理的起源、不良习惯和定势的养成、违法行为的尝试与实施、犯罪意向的萌发、犯罪心理最终形成几个阶段。犯罪心理形成后并非一定出现犯罪行为,需要一定的外在条件,包括个体的犯罪动机和引发犯罪行为的环境刺激。追求享受、满足报复等个体需要的偏斜、社会认知的自我中心化、自我意识的混乱是大学生犯罪心理形成的内在因素。图 8.1 是颜小冬提出的大学生犯罪心理形成机制[114]。从大学生的犯罪心理形成机制看,预防大学生犯罪可以从犯罪心理的内化过程和外化过程进行干预。

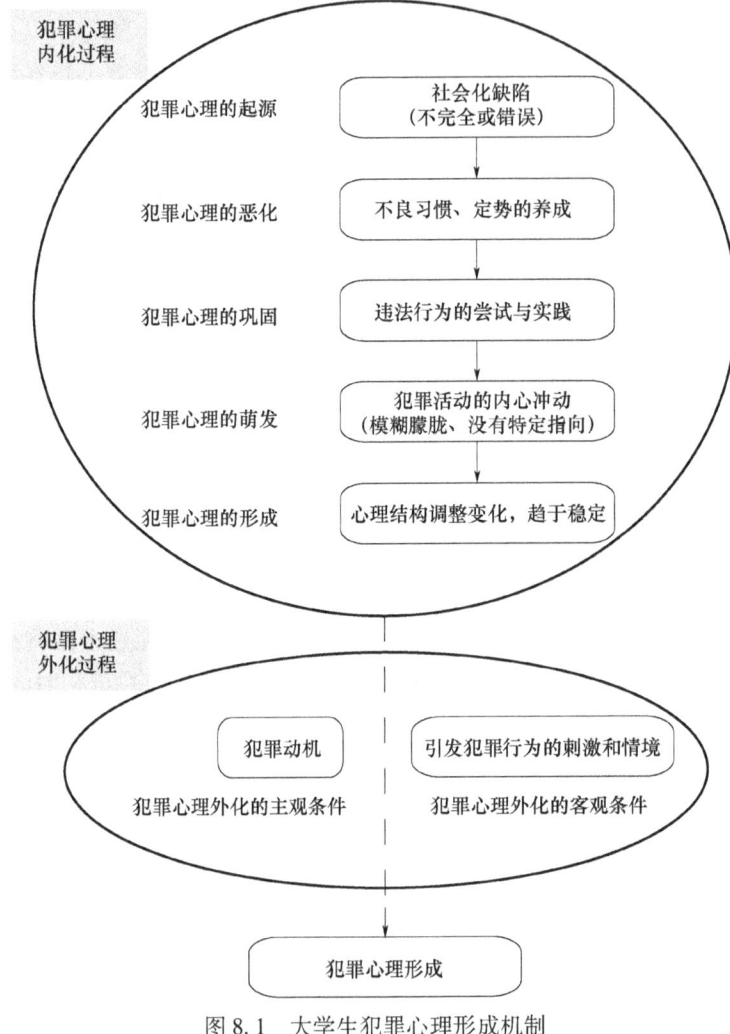

图 8.1 大学生犯罪心理形成机制

内化是个体通过社会学习将社会存在转化为自身心理因素的社会化过程,其积极意义在于促使个体行为符合社会规范,适应社会需要。对于有社会化缺陷的个体,其发展偏离正常的轨道甚至指向相反的方向,对社会规范的认知水平低下,无法调试适应社会规范,对犯罪诱惑无法抵抗,这时极易导致犯罪心理的产生,是犯罪心理的起源[114]。因此,强化对大学生的教育引导非常必要,社会、高校和家庭都应发挥好各自的教育引导职责,为大学生良好社会化的形成与发展提供有力保障。

犯罪行为的产生是犯罪意识活动的必然结果,因此犯罪动机的干预可以有效减少犯罪行为的发生。大学生犯罪动机产生的必备条件是源于个体的需要和周围环境的刺激,前者是犯罪动机产生的内因,后者是犯罪动机产生的诱因。及时消除大学生的犯罪动机,改善犯罪动机产生的外在刺激与环境是预防大学生犯罪的有效方式[114]。

全社会应积极弘扬社会主义核心价值观,倡导积极向上的社会文化,弘扬主旋律,发挥正能量,尤其是一个风清气正的网络文化生态对大学生的网络行为有着非常重要的正向引导作用。加快完善网络相关的立法进程,创造公平、公正的法律氛围,让法制观念走入大学生的日常生活,增进大学生与法律的亲近感,引导大学生知法、懂法、守法、用法。加大对网络环境的监管力度,对传播暴力、色情、犯罪的网络文化绝不姑息、从严处理。2019年10月《最高人民法院、最高人民检察院关于办理非法利用信息网络、帮助信息网络犯罪活动等刑事案件适用法律若干问题的解释》既明确了"网络服务提供者"的范围,也对信息网络犯罪行为进行了最大限度的解释,为维护网络秩序、净化网络生态、打击网络犯罪提供了更有力的法治保障。

高校应发挥好教育的主体责任,高度重视思想政治工作,坚定大学生的理想信念与责任担当,加强对大学生法律法规的教育和思想道德教育,尤其是加大网络安全与网络法规教育,提高大学生的法律意识与道德意识,增强大学生对网络犯罪风险侵蚀的辨别力与抵抗力。加强高校管理体系的建设与完善,管理力度不能松软,避免为大学生的网络犯罪提供滋生的土壤,引导大学生养成遵规守纪的良好习惯,同时加大德育评价在大学生评奖评优中的分量与定量评判,引导大学生自觉用道德标准规范自身行为。高校应针对大学生分层次、分阶段进行心理普查,全面掌握大学生的心理状况,及时发现有心理困惑和心理障碍的大学生,尤其是加强对人际交往障碍、家庭经济困难、沉溺网络无法自拔、学业困难吃力等大学生群体的排查,发现问题及早干预、及早纠正,防止这部分大学生走向犯罪的道路。高校教育引导既要严宽相济,又要疏堵结合,从教学、管理、服务等方面营造良好的育人环境。

家庭应为大学生的健康成长提供温馨和谐的氛围,多与孩子进行心灵沟通,多一份关心与温暖,少一份批评与严苛,多一份真诚与体谅,少一份溺爱与专制,改善与孩子的沟通交流方式,疏通家长与孩子之间的交流阻碍,畅通与孩子的情感联结,让大学生对家长愿意讲、主动讲、真实讲,以便家长可以及时了解孩子的内心想法,有效疏导孩子的不合理信念,引导孩子合理排解愤怒、不满、嫉妒、报复、压力、焦虑等负面情绪,对大学生的犯罪萌芽意识及早发现、及早干预、及早处理,减少大学生网络犯罪的可能性。

  大学生网络犯罪的预防需要来自社会、高校和家庭方面的"他律"支持,也需要大学生个体的"自律"支持。作为大学生,要懂得合理调试自身生理与心理需要,对金钱物质、嫉妒报复、追寻"快乐刺激"等不合理需要有自我感知力和控制力,正确认识合理评价"自我",不能处处以自我为中心,学会关怀他人,树立明确的人生目标,不断用优秀的文化涵养丰富自己的身心,发展积极有益的兴趣爱好,增强人文素养,加强体育锻炼,自觉遵守法律法规和学校的规章制度,多用身边的榜样激励自己,提升自我修养与素质,提高自律意识。

第九章
大学生网络行为引导的相关理论

一、弗洛伊德的人格结构理论

1923年,弗洛伊德在无意识理论的基础上,提出了"三部人格结构说",认为人格由本我、自我和超我三部分组成[47]。本我是一种混沌状态,没有组织,没有逻辑,没有统一的意志,只有一种以快乐为原则、使本能需求得到满足的冲动,本我完全不懂价值、善恶、道德,只遵循快乐的原则。自我接受外部刺激,保护本我免受刺激,在保护本我的过程中,自我需要根据外界环境行事,并且在记忆中保存外在世界的真实图像,自我遵循现实的原则。超我是最高层次的人格,是道德化了的自我,包括"良心"和"自我理想",前者负责对违反道德标准的行为进行惩罚、谴责自我,后者确定道德行为标准,超我的主要功能是用良心和犯罪感指导自我、限制本我。

二、马斯洛的需要层次理论

1968年,美国人本主义心理学家马斯洛提出,动机的性质取决于需要的性质,动机的强度取决于需要的强度,两者之间不是简单对应的关系,需要有多种多样,主要动机往往是一种或几种。需要包括基本需要和发展性需要(又称"超越性需要")两类,前者包括生理需要、安全的需要、爱与归属的需要、尊重的需要,后者指求知、理解、审美等自我实现的需要[43]。马斯洛的需要层次理论如图9.1所示。

生理需要是最基本、最强烈、最明显的需要,是维持个体生存和种系发展的需要,在所有的需要中占优越的地位,包括水、食物、空气、性和睡眠等。安全的需要就是对安全、稳定、秩序、依赖、免受恐惧和焦虑折磨的需要,如果安全需要得不到满足就会感到威胁和恐惧,成年人安全的需要主要表现为需要安定的社

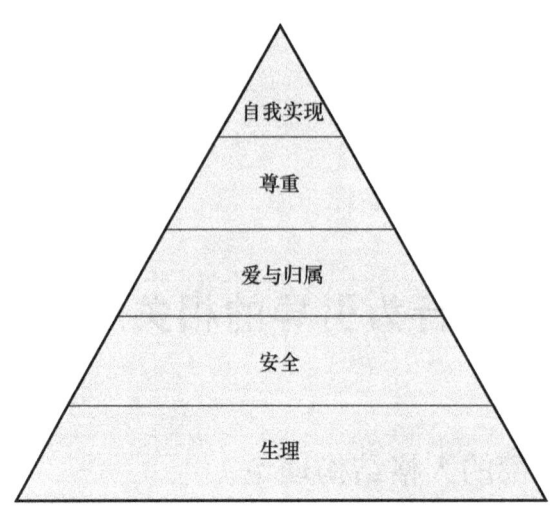

图9.1　马斯洛的需要层次理论

会秩序、工作有保障、偏爱熟悉的事物和环境等。爱与归属的需要是指对朋友、家庭的需要以及在组织中获得认可的需要,对归属的需要表现为被他人需要和接受,归属缺失会产生深深的孤独感,爱的需要包括缺失性的爱和存在性的爱,前者是满足自己需要的自私的爱,后者是无私奉献的爱。尊重的需要分为两个层次,一个层次是个体对能力、成就、自信、独立等的期望,是自尊的需要;另外一个层次是对地位、声望、名誉等的期望,这是来自他人尊重的需要。自我实现的需要包括实现理想抱负、充分发挥潜能、成为自己所期望的人的需要,也包括对美的追求。

马斯洛认为,一般只有低层次的需要得到满足才会产生高层次的需要,低层次的需要与生存直接相关,而高层次需要与人的精神满足感和深层次幸福相关。不同层次的需要满足所需的条件不一样,需要层次越高,所需要的环境条件越高。

三、麦克卢汉的媒介理论

1964年,马歇尔·麦克卢汉的著作《理解媒介——论人的延伸》发表,迅速引起了知识界尤其是传播学界的轰动,《纽约先驱论坛报》称麦克卢汉是"电子时代的先知""继牛顿、达尔文、弗洛伊德、爱因斯坦以来的思想家"。他提出了"媒介即讯息""媒介是人的延伸""地球村"等重要理论[91]。

麦克卢汉认为媒介即讯息,每一种媒介都是人类身体的延伸,促使人们对媒介的认识进一步扩展,电子媒介给人类感知引入了新的尺度,将容易被人们忽视的承载印刷文字的媒介重新摆在了重要的位置,重新唤起了人的感知。媒介本身会引起越来越多的注意,而不单单是承载信息内容的载体,此时媒介是一种独立的感知"存在"形式。

"一切媒介都是人的延伸,它对人及环境都产生了深刻而持久的影响,这样的延伸是器官感官或功能的强化和放大。"媒介是与人相互独立的感知存在,不同的媒介由于内在技术偏向性不同,对人的作用也体现在不同的感官部位。人对书面媒介的感知是偏向视觉的线性结构,电子媒介对人一切感官的刺激是触觉性的三维立体模式,电子媒介出现之前是机械媒介,只对某一种或几种器官起作用,麦克卢汉认为网络是中枢神经系统的延伸,随着电子媒介的发展,媒介对人的延伸逐渐从机械化转向中枢神经系统,不仅人的感知器官被延伸,力量和技能也得到了延伸,进而对社会文化结构产生影响。

麦克卢汉认为网络打破了时空的限制,整个地球变成"地球村",来自世界各地的人们因为网络而变得交往更加密切,人类社会发展从部落化发展为非部落化,随着电子时代的到来,人类生活又重新部落化,所有的感官系统被调动起来,所有人不再是分割的,而是活在同一个"地球村"部落。

四、舒茨的人际需要三维理论

1958年,社会心理学家舒茨(W. Schutz)提出了人际需要的三维理论,他认为人际关系的模式可以通过包容的需要、支配的需要、情感的需要这三种人际需要来表示,每一种需要有主动性和被动性两种行为倾向[53]。

包容的需要是个体想要与他人建立并维持一种满意的相互关系的需要。这种需要可以转化为动机,也会导致包容行为的产生,如果个体包容的需要得不到满足,则容易产生拒绝与他人建立关系的低社会行为或枳极表现的超社会行为。主动性的包容需要表现为主动与他人交往,被动性的包容需要表现为期待他人接纳自己。

支配的需要是个体在权利关系上与他人建立并维持满意关系的需要。这种需要可以转化为动机,也会导致支配行为的产生,支配行为分为服从他人支配的拒绝型、喜欢支配他人的独裁型、合理处理控制与权力的民主型三种。主动性支配需要表现为支配他人,被动性支配需要表现为希望他人引导。

情感的需要是个体与他人建立并维持亲密的情绪联系的需要。舒茨认为情感需要有高级和低级之分,前者表现为与他人的高度亲密,后者表现为避免与他人过度亲密、表面表现得友好。主动性情感需要表现为主动表示有爱,被动性情感需要表现为期待他人对自己亲密。

五、班杜拉的观察学习理论

班杜拉认为:"学习主要是一种信息加工活动,其结果是将有关行为结构的信息和有关环境条件的信息转换成符号表征,以作为行为活动的指导。"在观察学习情境中,观察者通过对榜样行为表现的信息价值进行认知加工,从而形成心象或语义形式的示范行为的符号表征,并被储存在记忆里,适当的条件刺激出现时,榜样的示范编码就会成为指导观察者行为表现的指南。观察学习过程包括注意过程、保持过程、产出过程和动机过程四个子过程[115]。

注意过程是观察者受示范事件影响、产生观察学习的入口,是观察者与示范者之间相互作用的中介,在这个过程中,观察者将感觉、知觉、认知等心理活动贯注于示范事件的过程。示范活动的特征、观察者的特征、榜样的特征和社会结构因素都会对注意过程产生影响。

保持过程是观察者将示范行为的信息以符号表征的形式存储在记忆中留待后用的过程。符号可以将短时间的经验转换成相对持久的认知结构,示范信息的符号转换有助于记忆,成为观察者表现这一行为的内部指南,其形式包括表象和以概念、规则、命题为内容的语义符号两种形式。示范信息的认知表征是示范信息被转换成符号后存储于记忆的方式,包括心象表征和语义—概念表征。演习帮助观察者将存储于记忆中的内容进行巩固,有助于保持示范行为并提高其表现水平,是记忆保持的辅助手段,包括对示范行为的物理操作演习和认知演习。

产出过程是观察者实际操作示范行为的过程,是在注意过程与保持过程基础上将关于示范行为的内部符号表征转化为外显行为的内部指导过程。在示范行为从概念转为运动的过程中,需要有反应的整合点。班杜拉认为示范行为操作之前,由中枢机制主要负责整合行为,观察者在这种整合下形成对示范行为符号表征的概念匹配,并在信息反馈基础上根据示范行为的认知进一步整合行动。当然,由于受观察者的运动技能和运动反应成分之间的相互协调水平影响,观察者的初次尝试一般会伴随着失误与偏差,失误与偏差会随着熟练过程加以解决。

动机过程是观察者在特定情境中因为某种诱因表现出示范行为的过程。与产出过程一样,动机过程也是对示范行为实际操作的理论说明,观察者是否表现出示范行为取决于示范行为对观察者而言是否具有功能价值。在班杜拉看来,诱因有直接诱因、替代诱因和自我生成诱因三种。直接诱因是示范行为本身带来的直接结果,如物质奖励、舆论评价、行为体验等;替代诱因是观察者看到的示范者的行为结果,如他人的成功或失败对观察者有促进或抑制的作用;自我生成诱因是观察者对示范行为结果的关于情感或价值的自我评价或反应,如高度的自我评价或浓厚的兴趣能起促进作用。

六、布鲁默的符号互动论

"符号"是代表人的某种意义的事物,语言、文字、动作、物品甚至场景等都是符号。符号互动理论有三个基本假设:一是个体对事物采取行动是以对事物的意义为基础的;二是个体赋予事物的意义源于社会互动;三是个体内在的阐释过程——"与自己交流"是个体赋予事物意义并决定如何行动必然要经历的过程。符号互动理论认为:心智、自我和社会的形成与发展是以符号使用为前提的互动过程。语言是心智和自我形成的主要机制。心智是社会过程的内化,个体通过人际互动学到有意义的符号后通过内向互动并发展自我。个体行为不是对外界刺激的机械反应,而是通过自我"设计"的行动过程,个体对情境的定义影响和制约着个体的行为。个体与他人的身份及身份的意义存在于两者的互动过程中。自我是社会的产物,包括自我和客我,前者是主动行动者,是个体行为的动力,后者是他人心目中的"我",是个体行为的方向[54]。

七、霍曼斯的社会交换论

20世纪60年代初,美国社会学家霍曼斯(G. Htomans)提出了社会交换论,主张用代价和报酬交换分析社会互动。霍曼斯认为,个体需要的满足来源他人,个体行为是个体进行报酬或惩罚的互动交换,提出了社会交换的五个命题:成功命题、刺激命题、价值命题、剥夺—满足命题、侵犯—赞同命题。成功命题是指个体的行动得到的报酬越多、频率越高,个体就越愿意从事这种行动。刺激命题是指当前某种刺激与过去引起报酬的刺激相同或相似时,这个刺激越容易引起个体的相关行为。价值命题是指某种行为结果对个体越有价值,个体重复相同或相似行为的可能性更大。剥夺—满足命题是指个体重复获得相同报酬的次数越多,后续相同报酬对个体的价值就越小。侵犯—赞同命题是指当个体没有得到预期报酬或是付出代价时,个体容易被激怒并可能采取侵犯行为,这个行为的结果对个体来说更有价值;当个体得到了预期的报酬甚至超出预期,个体会采取赞同行为,该行为的结果对个体更有价值[116]。

八、社会动机理论

社会动机有很多,这里主要列出了亲合动机、成就动机、权力动机和侵犯动机[54]。

1. 亲合动机

亲合动机是个体害怕孤独,希望与他人建立协作和友好联系的心理倾向。亲合可以满足个体的交往、尊重、爱等社会性需要,帮助个体获取信息,减轻生活压力,避免无人做伴时他人的负面评价。影响亲合的因素主要有情境因素、情绪因素和出生顺序等,情境因素是指群体成员在较大的外界压力情境或悲惨情境中,亲合动机加强;情绪因素是指现实危险引起的恐惧或非危险引起的焦虑等情绪体验会影响亲合倾向,恐惧情绪越强烈亲合倾向越明显,焦虑情绪越强烈亲合倾向越低。1959年沙赫特等研究发现,同一个家庭中的第一个孩子在恐惧情绪中的亲合动机较强。

2. 成就动机

成就动机是个体追求自身认为有价值的事情并使之达到完善状态的动机。1966年,美国心理学家麦克利兰(D. C. McClelland)提出了成就动机理论,他认为有强烈成就需要的个体渴望获得更大、更多、更好的成功,追求在获取成功过程中克服困难的乐趣以及获取成功的成就感。对于能轻易获取成功或获取成功夹杂很多偶然因素的工作均不是高成就动机个体喜欢的工作类型。

3. 权力动机

个体希望影响或控制他人的心理倾向就是权力动机。1973年,戴维·温特(D. G. Winter)指出个体的权力动机有积极权力动机和消极权力动机两种,前者通常是个体为了获得领导职位或"组织社会的权力"而竭尽所能,后者则可能通过酗酒、斗殴或权力展示等行为降低对"害怕失去权力"的忧虑。

4. 侵犯动机

个体通过故意伤害他人以获得自身平衡和满足的心理倾向即侵犯动机。关于侵犯行为的原因,弗洛伊德认为侵犯是性本能的一部分,洛伦兹认为侵犯是一种具有生物保护意义的本能行为,1939年多拉德(J. Dollard)等提出的挫折—侵犯学说认为侵犯永远是挫折的一种后果,1977年班杜拉认为侵犯行为的学习机制是联想、强化和模仿。侵犯行为受个体情绪唤起水平、道德发展水平、自我控制能力、社会角色与群体、大众传媒等因素的影响。

九、卡尼曼的前景理论和锚定效应

1979年,美国心理学家卡尼曼与特沃斯基合作,共同提出了"前景理论"。该理论认为,个体进行的决策实际上是对各种风险结果的选择,不同的风险结果就是"前景",前景选择遵循的规律与传统经济理论假设的偏好公理不同,是一种特殊的心理过程规律。卡尼曼发现了个体决策的不确定性,当个体面临获得时,表现类型通常为小心翼翼、不愿冒风险的风险规避型,但是当个体面对损失时,大部分个体的表现变成敢于冒险的风险偏好型。另外,卡尼曼等发现,个体对获得和损失的敏感程度不一样,个体面对损失的痛苦要远大于获得的快乐。这一定律解释了为何一些投资者在少量获利后就不愿为了更大的获利再冒险,但是亏损的时候却往往孤注一掷,期待转机的出现[31]。

卡尼曼认为,个体在对不确定性事物进行判断和估计的时候通常会设定一个初始值,即使后续个体会根据反馈修正这个初始值,但是个体的思想观念往往固定在初始值,第一印象或第一信息对个体的判断容易产生支配的作用,这就是卡尼曼等提出的"锚定效应"。卡尼曼和特沃斯基通过实验发现个体往往"固执"于无关的初始信息,锚定效应表明个体对不确定事物的判断是非理性的。

十、萨勒的"心理账户"理论

芝加哥大学教授萨勒提出的"心理账户"理论是行为经济学的著名理论,主要研究个体对金钱的态度,在传统经济学视角下同等数目的金钱并无差异,但是在不同个体的"心理账户"中,同等数目的金钱存在差异。不同渠道获得的同等额度的金钱对个体而言具有不同的价值,对于辛苦劳动获得的工资,个体往往愿意存起来,但相同数额的钱如果是捡来或中彩票得来的,个体可能会很快花掉,可见个体对不同渠道的金钱有不同的"心理账户",对个体而言,劳动所得和意外之财是有差异的。萨勒将消费者的财富分为三个"心理账户":现期收入账户、现期资产账户和未来收入账户。不同的"心理账户"带给消费者的诱惑不尽相同,现期收入账户的消费诱惑最大,未来收入账户的消费诱惑最小,因此消费者倾向于消费现期收入账户的财富,对未来收入账户的财富消费倾向很小。同时,个体的同一个"心理账户",财富余额越多,抵抗消费诱惑需要的意志力越大[31]。

十一、费斯汀格的认知失调理论

1957年,费斯汀格(L. Festinger)在著作《认知失调理论》中提出了认知失调理论。在认知失调理论中,费斯汀格将个体对环境、个人行为及自身的某种认识、见解和观念定义为"认知要素",该理论是基于两个假设提出的:心理不适和不协调会推动个体努力减少不协调,同时会能动地躲避加剧不协调的情景与信息。个体的多个认知要素对应多种认知,不同的认知之间可能存在不相关、不协调或协调三种逻辑关系,不协调认知要素对个体越重要,引发的不协调程度越大。认知失调理论中,认知要素的协调与否取决于个体的心理逻辑,与客观逻辑无关,认知失调存在逻辑不一致和态度行为不一致两种形式,减少认知失调可以通过改变行为的认知要素、改变环境认知要素或引入新的认知要素的方法实现。对于群体认知失调,费斯汀格认为群体既是个体消除不协调的重要途径,也是造成个体认知不协调的来源,可以通过改变自己的意见、设法改变他人意见、将自己与不同意见的他人分开的方法解决社会不一致引起的认知失调[117]。

十二、齐克森米哈里的沉浸理论

1975年,美国心理学家米哈里·齐克森米哈里(Mihaly Csikszentmihalyi)提出了沉浸(Flow)理论,他认为沉浸是"使用者进入一种共同的经验模式,在其中使用者好像被吸引进去,意识集中在一个非常狭窄的范围内,不相关的知觉和想法都被过滤掉,并且丧失知觉,只对具体目标和明确的反馈有反应,透过对环境的操控产生一种控制感"。在沉浸状态中,行为主体的意识无须干预,动作之间仿佛有一种内在逻辑指引,一股整体的"流"贯穿于各种动作之间,个体达到心无旁骛、专心致志的状态,放松却不失专注[79]。

十三、阿希的从众行为理论

1956年,心理学家阿希(S. E. Asch)以大学生为实验对象,进行了经典的群体压力实验,以研究从众现象的表现、产生及发生的原因。他主张从个体所属的群体看待个体行为,研究发现个体的人际关系或社会情境能导致个体屈从于群体压力,心理会发生相应的变化,虽然个体以自身惯有认知对某一现象做出正确的判断,但是面对群体意见相反的压力,为了减轻这种压力带来的不适感,迎合大多数人的意见,个体可能对自己的判断产生怀疑。个体在面对群体压力时有独立或从众两种情况,保持独立的个体坚持自己的认知与判断,有从众行为的个体往往会表现出三种屈从行为:曲解自身知觉、改变自身判断、改变自身行为[117]。

附录

关于网络的相关政策文件(简介)

一、《中华人民共和国电信条例》

2000年9月25日中华人民共和国国务院令第291号公布《中华人民共和国电信条例》,根据2014年7月29日《国务院关于修改部分行政法规的决定》(国务院令第653号)第一次修订,根据2016年2月6日《国务院关于修改部分行政法规的决定》(国务院令第666号)第二次修订,内容共7章80条。

二、《计算机软件保护条例》

《计算机软件保护条例》于2001年12月20日以中华人民共和国国务院令第339号公布,根据2011年1月8日《国务院关于废止和修改部分行政法规的决定》第1次修订,根据2013年1月30日中华人民共和国国务院令第632号《国务院关于修改〈计算机软件保护条例〉的决定》第2次修订。内容分为总则、软件著作权、软件著作权的许可使用和转让、法律责任、附则等5章33条,自2002年1月1日起施行。

三、《信息网络传播权保护条例》

《信息网络传播权保护条例》(以下简称《条例》)于2006年5月18日以中华人民共和国国务院令第468号公布,根据2013年1月30日中华人民共和国国务院令第634号《国务院关于修改〈信息网络传播权保护条例〉的决定》修订,自2013年3月1日起施行。

《条例》共27条,包括合理使用、法定许可、避风港原则、版权管理技术等一系列内容,区分了著作权人、图书馆、网络服务商、读者各自可以享受的权益,网络传播和使用都有法可依,形成一个相互依存、相互作用、相互影响的"对立统一"关系,很好地体现了产业发展与权利人利益、公众利益的平衡,为产业加速发展做好了法律准备。《条例》的出台与实施,意味着我国的网络信息传播开始迈入规范化发展的轨道,是我国网络信息产业发展历程中一个重要的里程碑。

四、《通信网络安全防护管理办法》

2009年12月29日,中华人民共和国工业和信息化部第8次部务会议审议通过《通信网络安全防护管理办法》(以下简称《办法》),《办法》自2010年3月1日起施行。

工信部政策法规司李国斌表示,随着我国通信业和信息化的发展,政治、经济、文化和社会生活对通信网络的依赖度越来越高,通信网络已成为国家关键基础设施。通信网络一旦发生中断、瘫痪或拥塞,或者其中传输、存储、处理的数据信息丢失、泄露或被非法篡改,将对社会经济生活造成严重影响。制定《办法》,完善通信网络安全保障法律制度,有利于提高通信网络安全防护能力和水平。此外,通信网络面临的安全威胁日益多样化,网络攻击、信息窃取等非传统安全问题十分突出。相对于传统安全问题,非传统安全问题的隐蔽性更强,处置工作和技术要求更高。结合信息通信技术发展的特点制定《办法》,建立通信网络分级、备案、安全风险评估等制度,有利于应对非传统安全威胁。

五、《电话用户真实身份信息登记规定》

《电话用户真实身份信息登记规定》是为了规范电话用户真实身份信息登记活动,保障电话用户和电信业务经营者的合法权益,维护网络信息安全,促进电信业的健康发展而制定的法规,2013年6月28日,中华人民共和国工业和信息化部第2次部务会议审议通过,2013年7月16日中华人民共和国工业和信息化部令第25号公布,自2013年9月1日起施行。

六、《关于加强校园不良网络借贷风险防范和教育引导工作的通知》

教育部办公厅、中国银监会办公厅2016年4月13日联合发布《关于加强校园不良网络借贷风险防范和教育引导工作的通知》,提出了四点要求:一是加大不良网络借贷监管力度;二是加大学生消费观教育力度;三是加大金融、网络安全知识普及力度;四是加大学生资助信贷体系建设力度。

七、《中华人民共和国网络安全法》

2016年11月7日第十二届全国人民代表大会常务委员会第二十四次会议通过了《中华人民共和国网络安全法》(以下简称《网络安全法》),《网络安全法》的制定是为了保障网络安全,维护网络空间主权和国家安全、社会公共利益,保护公民、法人和其他组织的合法权益,促进经济社会信息化健康发展。内容包括总则、网络安全支持与促进、网络运行安全、网络信息安全、监测预警与应急处置、法律责任、附则等7章,《网络安全法》自2017年6月1日起施行。《网络安全法》是我国第一部关于网络空间安全管理的基础性法律,作为依法治网的法律重器,《网络安全法》有效推动了我国网络空间建设的法治进程,为构建和平、安全、开放、合作的网络空间,建立多边、民主、透明的网络治理体系提供重要的法律保障。

《网络安全法》第一章第十二条规定:任何个人和组织使用网络应当遵守宪法法律,遵守公共秩序,尊重社会公德,不得危害网络安全,不得利用网络从事危害国家安全、荣誉和利益,煽动颠覆国家政权、推翻社会主义制度,煽动分裂国家、破坏国家统一,宣扬恐怖主义、极端主义,宣扬民族仇恨、民族歧视,传播暴力、淫秽色情信息,编造、传播虚假信息扰乱经济秩序和社会秩序,以及侵害他人名誉、隐私、知识产权和其他合法权益等活动。

《网络安全法》第三章第二十七条规定:任何个人和组织不得从事非法侵入

他人网络、干扰他人网络正常功能、窃取网络数据等危害网络安全的活动;不得提供专门用于从事侵入网络、干扰网络正常功能及防护措施、窃取网络数据等危害网络安全活动的程序、工具;明知他人从事危害网络安全的活动的,不得为其提供技术支持、广告推广、支付结算等帮助。

《网络安全法》第四章第四十四条规定:任何个人和组织不得窃取或者以其他非法方式获取个人信息,不得非法出售或者非法向他人提供个人信息。第四十六条规定:任何个人和组织应当对其使用网络的行为负责,不得设立用于实施诈骗,传授犯罪方法,制作或者销售违禁物品、管制物品等违法犯罪活动的网站、通讯群组,不得利用网络发布涉及实施诈骗,制作或者销售违禁物品、管制物品以及其他违法犯罪活动的信息。第四十八条规定:任何个人和组织发送的电子信息、提供的应用软件,不得设置恶意程序,不得含有法律、行政法规禁止发布或者传输的信息。

八、《关于加强和改进新形势下高校思想政治工作的意见》

2016年12月4日,中共中央、国务院印发了《关于加强和改进新形势下高校思想政治工作的意见》(以下简称《意见》),《意见》分为七个部分,其中强调指出要加强互联网思想政治工作载体建设。树立互联网思维,推动思想政治工作传统优势与信息技术高度融合,使互联网成为开展思想政治教育的新平台。发挥全国高校校园网站联盟作用,深入实施"易班"等新应用推广行动计划和中国大学生在线引领工程。整合网上教育教学资源,加强学生互动社区、主题教育网站、专业学术网站和"两微一端"建设,创建网上党建园地、网上党校、网上论坛等思想政治工作平台,制作传播贴近大学生特点的新媒体内容产品,运用大学生喜欢的表达方式开展思想政治教育。

九、《关于办理电信网络诈骗等刑事案件适用法律若干问题的意见》

2016年12月19日,最高人民法院、最高人民检察院、公安部以法发〔2016〕32号印发《关于办理电信网络诈骗等刑事案件适用法律若干问题的意见》(以下简称《意见》)。《意见》分为总体要求、依法严惩电信网络诈骗犯罪、全面惩处关联犯罪、准确认定共同犯罪与主观故意、依法确定案件管辖、证据的收集和审查判断、涉案财物的处理等7部分。

十、《国家网络空间安全战略》

2016年12月27日,国家互联网信息办公室发布《国家网络空间安全战略》(以下简称《战略》)。国家网信办发言人表示,《战略》经中央网络安全和信息化领导小组批准,贯彻落实习近平总书记网络强国战略思想,阐明了中国关于网络空间发展和安全的重大立场和主张,明确了战略方针和主要任务,切实维护国家在网络空间的主权、安全、发展利益,是指导国家网络安全工作的纲领性文件。

《战略》指出,互联网等信息网络已经成为信息传播的新渠道、生产生活的新空间、经济发展的新引擎、文化繁荣的新载体、社会治理的新平台、交流合作的新纽带、国家主权的新疆域。随着信息技术深入发展，网络安全形势日益严峻，利用网络干涉他国内政以及大规模网络监控、窃密等活动严重危害国家政治安全和用户信息安全，关键信息基础设施遭受攻击破坏、发生重大安全事件严重危害国家经济安全和公共利益，网络谣言、颓废文化和淫秽、暴力、迷信等有害信息侵蚀文化安全和青少年身心健康，网络恐怖和违法犯罪大量存在直接威胁人民生命财产安全、社会秩序，围绕网络空间资源控制权、规则制定权、战略主动权的国际竞争日趋激烈，网络空间军备竞赛挑战世界和平。网络空间机遇和挑战并存，机遇大于挑战。必须坚持积极利用、科学发展、依法管理、确保安全，坚决维护网络安全，最大限度利用网络空间发展潜力，更好惠及13亿多中国人民，造福全人类，坚定维护世界和平。

《战略》要求，要以总体国家安全观为指导，贯彻落实创新、协调、绿色、开放、共享的发展理念，增强风险意识和危机意识，统筹国内国际两个大局，统筹发展安全两件大事，积极防御、有效应对，推进网络空间和平、安全、开放、合作、有序，维护国家主权、安全、发展利益，实现建设网络强国的战略目标。

《战略》强调，一个安全稳定繁荣的网络空间，对各国乃至世界都具有重大意义。中国愿与各国一道，坚持尊重维护网络空间主权、和平利用网络空间、依法治理网络空间、统筹网络安全与发展，加强沟通、扩大共识、深化合作，积极推进全球互联网治理体系变革，共同维护网络空间和平安全。中国致力于维护国家网络空间主权、安全、发展利益，推动互联网造福人类，推动网络空间和平利用和共同治理。

《战略》明确，当前和今后一个时期国家网络空间安全工作的战略任务是坚定捍卫网络空间主权、坚决维护国家安全、保护关键信息基础设施、加强网络文化建设、打击网络恐怖和违法犯罪、完善网络治理体系、夯实网络安全基础、提升网络空间防护能力、强化网络空间国际合作等9个方面。

十一、《国家网络安全事件应急预案》

2017年1月10日，为建立健全国家网络安全事件应急工作机制，提高应对网络安全事件能力，预防和减少网络安全事件造成的损失和危害，保护公众利益，维护国家安全、公共安全和社会秩序，根据《中华人民共和国突发事件应对法》《中华人民共和国网络安全法》《国家突发公共事件总体应急预案》《突发事件应急预案管理办法》和《信息安全技术信息安全事件分类分级指南》(GB/Z 20986—2007)等相关规定，中央网信办印发《国家网络安全事件应急预案》。本预案所指网络安全事件是指由于人为原因、软硬件缺陷或故障、自然灾害等，对网络和信息系统或者其中的数据造成危害，对社会造成负面影响的事件，可分为有害程序事件、网络攻击事件、信息破坏事件、信息内容安全事件、设备设施故障、灾害性事件和其他事件。本预案适用于网络安全事件的应对工作。其中,有关信息内容安全事件的应对,另行制定专项预案。

十二、《公共互联网网络安全突发事件应急预案》

2017年11月14日,工业和信息化部为进一步健全公共互联网网络安全突发事件应急机制,提升应对能力,根据《中华人民共和国网络安全法》《国家网络安全事件应急预案》等,制定《公共互联网网络安全突发事件应急预案》(以下简称《预案》)。《预案》的编制为建立健全公共互联网网络安全突发事件应急组织体系和工作机制,提高公共互联网网络安全突发事件综合应对能力,确保及时有效地控制、减轻和消除公共互联网网络安全突发事件造成的社会危害和损失,保证公共互联网持续稳定运行和数据安全,维护国家网络空间安全,保障经济运行和社会秩序提供有力保障。

十三、《高校思想政治工作质量提升工程实施纲要》

2017年12月6日,教育部发布《高校思想政治工作质量提升工程实施纲要》(以下简称《纲要》)。提出构建课程、科研、实践、文化、网络、心理、管理、服务、资助、组织等"十大"育人体系。《纲要》指出,要大力推进网络教育,加强校园网络文化建设与管理,拓展网络平台,丰富网络内容,建强网络队伍,净化网络空间,优化成果评价,推动思想政治工作传统优势同信息技术高度融合,引导师生强化网络意识,树立网络思维,提升网络文明素养,创作网络文化产品,传播主旋律、弘扬正能量,守护好网络精神家园。

十四、《2019年教育信息化和网络安全工作要点》

教育部印发的《2019年教育信息化和网络安全工作要点》提出10项核心目标以及11项重点任务。核心目标包括编制《中国智能教育发展方案》,举办国际人工智能与教育大会;成立国家数字教育资源公共服务体系联盟,实现省级平台全部接入体系;启动认定第一批20个典型区域、200所标杆学校;对2万名中小学生信息素养开展测评等。重点任务包括组织中小学教师晒课100万堂;高等教育完成第二批800门国家精品在线开放课程的认定;提供网络负面用语清单,规范网络用语;启动实施百区千校万课引领行动;开展师生信息素养全面提升行动、全面规范进校应用等。

十五、《最高人民法院 最高人民检察院关于办理非法利用信息网络、帮助信息网络犯罪活动等刑事案件适用法律若干问题的解释》

2019年6月3日最高人民法院审判委员会第1771次会议、2019年9月4日最高人民检察院第十三届检察委员会第二十三次会议通过了《最高人民法院 最高人民检察院关于办理非法利用信息网络、帮助信息网络犯罪活动等刑事案件适用法律若干问题的解释》(以下简称《解释》),既明确了"网络服务提供者"的范围,也对信息网络犯罪行为进行了最大限度的解释,为依法惩治拒不履行信息网络安全管理义务、非法利用信息网络、帮助信息网络犯罪活动等犯罪，维护网络秩序、净化网络生态、打击网络犯罪提供了更加有力的法治保障，《解释》自2019年11月1日起施行。

提供下列服务的单位和个人，应当认定为刑法第二百八十六条之一第一款规定的"网络服务提供者"：网络接入、域名注册解析等信息网络接入、计算、存储、传输服务；信息发布、搜索引擎、即时通信、网络支付、网络预约、网络购物、网络游戏、网络直播、网站建设、安全防护、广告推广、应用商店等信息网络应用服务；利用信息网络提供的电子政务、通信、能源、交通、水利、金融、教育、医疗等公共服务。

拒不履行信息网络安全管理义务，具有下列情形之一的，应当认定为刑法第二百八十六条之一第一款第一项规定的"致使违法信息大量传播"：致使传播违法视频文件二百个以上的；致使传播违法视频文件以外的其他违法信息二千个以上的；致使传播违法信息，数量虽未达到第一项、第二项规定标准，但是按相应比例折算合计达到有关数量标准的；致使向二千个以上用户账号传播违法信息的；致使利用群组成员账号数累计三千以上的通讯群组或者关注人员账号数累计三万以上的社交网络传播违法信息的；致使违法信息实际被点击数达到五万以上的；其他致使违法信息大量传播的情形。

拒不履行信息网络安全管理义务，致使用户信息泄露，具有下列情形之一的，应当认定为刑法第二百八十六条之一第一款第二项规定的"造成严重后果"：致使泄露行踪轨迹信息、通信内容、征信信息、财产信息五百条以上的；致使泄露住宿信息、通信记录、健康生理信息、交易信息等其他可能影响人身、财产安全的用户信息五千条以上的；致使泄露第一项、第二项规定以外的用户信息五万条以上的；数量虽未达到第一项至第三项规定标准，但是按相应比例折算合计达到有关数量标准的；造成他人死亡、重伤、精神失常或者被绑架等严重后果的；造成重大经济损失的；严重扰乱社会秩序的；造成其他严重后果的。

以实施违法犯罪活动为目的而设立或者设立后主要用于实施违法犯罪活动的网站、通讯群组，应当认定为刑法第二百八十七条之一第一款第一项规定的"用于实施诈骗、传授犯罪方法、制作或者销售违禁物品、管制物品等违法犯罪活动的网站、通讯群组"。利用信息网络提供信息的链接、截屏、二维码、访问账号密码及其他指引访问服务的，应当认定为刑法第二百八十七条之一第一款第二项、第三项规定的"发布信息"。

非法利用信息网络，具有下列情形之一的，应当认定为刑法第二百八十七条之一第一款规定的"情节严重"：假冒国家机关、金融机构名义，设立用于实施违法犯罪活动的网站的；设立用于实施违法犯罪活动的网站，数量达到三个以上或者注册账号数累计达到二千以上的；设立用于实施违法犯罪活动的通讯群组，数量达到五个以上或者群组成员账号数累计达到一千以上的;发布有关违法犯罪的信息或者为实施违法犯罪活动发布信息;违法所得一万元以上的;二年内曾因非法利用信息网络、帮助信息网络犯罪活动、危害计算机信息系统安全受过行政处罚,又非法利用信息网络的;其他情节严重的情形。

十六、《网络信息内容生态治理规定》

2019年12月15日,国家互联网信息办公室发布《网络信息内容生态治理规定》(以下简称《规定》)。根据《规定》,网络信息内容服务使用者和生产者、平台不得开展网络暴力、人肉搜索、深度伪造、流量造假、操纵账号等违法活动。《规定》自2020年3月1日起施行。

《规定》所称网络信息内容生态治理,是指政府、企业、社会、网民等主体,以培育和践行社会主义核心价值观为根本,以网络信息内容为主要治理对象,以建立健全网络综合治理体系、营造清朗的网络空间、建设良好的网络生态为目标,开展的弘扬正能量、处置违法和不良信息等相关活动。

对于网络信息内容生产者,《规定》明确,应当遵守法律法规,遵循公序良俗,不得损害国家利益、公共利益和他人合法权益。不得制作、复制、发布含有"危害国家安全,泄露国家秘密,颠覆国家政权,破坏国家统一"和"损害国家荣誉和利益"等内容的违法信息,应当采取措施,防范和抵制制作、复制、发布含有"使用夸张标题,内容与标题严重不符"和"炒作绯闻、丑闻、劣迹"等内容的不良信息。

根据《规定》,网络信息内容服务平台应当履行信息内容管理主体责任,加强本平台网络信息内容生态治理,培育积极健康、向上向善的网络文化。网络信息内容服务平台应当建立网络信息内容生态治理机制,制定本平台网络信息内容生态治理细则,健全用户注册、账号管理、信息发布审核、跟帖评论审核、版面页面生态管理、实时巡查、应急处置和网络谣言、黑色产业链信息处置等制度。

此外,《规定》还明确,网络信息内容服务使用者应当文明健康使用网络,按照法律法规的要求和用户协议约定,切实履行相应义务,在以发帖、回复、留言、弹幕等形式参与网络活动时,文明互动,理性表达。

参考文献

[1] 中国互联网信息中心.第44次中国互联网络发展状况统计报告[R].2019.
[2] 中国互联网信息中心.第37次中国互联网络发展状况统计报告[R].2016.
[3] 中国互联网信息中心.第43次中国互联网络发展状况统计报告[R].2019.
[4] 中国互联网信息中心.第41次中国互联网络发展状况统计报告[R].2018.
[5] 极光大数据.2019年Q3移动互联网行业数据研究报告[R].2019.
[6] 中国互联网信息中心.2015年中国青少年上网行为研究报告[R].2016.
[7] 中国互联网信息中心.第33次中国互联网络发展状况统计报告[R].2014.
[8] 中国互联网信息中心.第29次中国互联网络发展状况统计报告[R].2012.
[9] 中国互联网信息中心.2013年中国青少年上网行为调查报告[R].2014.
[10] 中国互联网信息中心.2011年中国青少年上网行为调查报告[R].2012.
[11] 中国互联网信息中心.2014年中国青少年上网行为研究报告[R].2015.
[12] 柏定国.网络传播与文学[M].北京:中国文史出版社.2008.
[13] [德]弗兰克·施尔玛赫.网络至死:如何在喧嚣的互联网时代重获我们的创造力和思维力[M].邱袁炜,译.北京:龙门书局,2011.
[14] 马升翼.网络时代人的异化新表征——读施尔玛赫《网络至死》[J].中共南京市委党校学报,2013(1):100-103.
[15] 吴昊.重庆大学被授予"易班全国共建工作示范单位"称号[N].重庆大学报,2015-12-07(01).
[16] 教育部思想政治工作司.高校校园文化建设理论与实践(2013)[M].北京:中国人民大学出版社,2014.
[17] 教育部思想政治工作司.高校培育和践行社会主义核心价值观创新案例[M].北京:知识产权出版社,2015.
[18] 华东政法大学.2018中国大学生网络生态和消费行为报告[R].2018.
[19] 艾瑞咨询.2018年种草一代·95后时尚消费报告[R].2018.
[20] 艾瑞咨询.2018年大学生消费洞察报告[R].2018.
[21] 中国互联网信息中心.第39次中国互联网络发展状况统计报告[R].2017.
[22] 中国互联网信息中心.第35次中国互联网络发展状况统计报告[R].2015.
[23] 中国互联网信息中心.第31次中国互联网络发展状况统计报告[R].2013.
[24] 中国互联网信息中心.第27次中国互联网络发展状况统计报告[R].2011.
[25] 中国互联网信息中心.第25次中国互联网络发展状况统计报告[R].2010.
[26] 中国互联网信息中心.第23次中国互联网络发展状况统计报告[R].2009.
[27] 中国互联网信息中心.第21次中国互联网络发展状况统计报告[R].2007.

[28] 王春晓,朱虹.地位焦虑、物质主义与炫耀性消费——中国人物质主义倾向的现状、前因及后果[J].北京社会科学,2016(5):31-40.

[29] 丁倩,孔令龙,张永欣,等.父母物质主义与大学生网络强迫性购物:序列中介效应分析[J].心理发展与教育,2019,35(5):549-556.

[30] 黄飞.大学生网络消费偏好识别及影响因素研究[D].长沙:中南大学,2013.

[31] 荣晓华.消费者行为学[M].5版.大连:东北财经大学出版社,2018.

[32] 中国之声.武汉一些大学生"试药族"因贫困不惜用身体去冒险[N].今日早报,2014-08-10(A07).

[33] 李洪兴."校园贷"离不开风险教育[N].人民日报,2016-03-23(05).

[34] 邵继红,王霞,冯治宇.大学生网络绿色消费行为影响因素研究——基于信息不对称角度[J].中国集体经济,2019(35):72-73.

[35] 中国互联网信息中心.2016年中国社交应用用户行为研究报告[R].2017.

[36] 极光大数据.2019Q1移动互联网行业研究报告[R].2019.

[37] 王玉.新媒体时代大学生网络人际交往问题研究[D].沈阳:沈阳师范大学,2018.

[38] 艾瑞咨询.2019年中国95后洞察报告[R].2019.

[39] 本刊编辑部.我国发布首个《公众网络安全意识调查报告(2015)》[J].中国信息安全,2015(6):77-80.

[40] 罗然.网络媒体传播的局限性问题及规避研究[D].南宁:广西大学,2004.

[41] 段伟文.网络空间的伦理反思[M].南京:江苏人民出版社,2002.

[42] 张燕.Web2.0时代的网络民意表达与限制[M].上海:复旦大学出版社,2014.

[43] 叶浩生.西方心理学理论与流派[M].广州:广东高等教育出版社,2004.

[44] 于珊.网络"泛娱乐化"的多方位分析[J].山东理工大学学报(社会科学版),2019,35(4):91-98.

[45] [德] 尤尔根·哈贝马斯.交往行为理论(第一卷)[M].曹卫东,译.上海:上海人民出版社,2004.

[46] 中共中央编译局.马克思恩格斯选集(第1卷)[M].北京:人民出版社,1995.

[47] [奥地利] 西格蒙德·弗洛伊德.精神分析纲要[M].刘福堂,等译.合肥:安徽文艺出版社,1987.

[48] 杨秋菊.大众文化泛娱乐化的价值危机及对策分析[J].社会主义核心价值观研究,2017(5):45-51.

[49] 李萌.网络时代下大学生孤独感现状分析及教育引导研究[D].南京:南京邮电大学,2013.

[50] 白萌.大学生网络社交信任问题研究[D].西安:西安建筑科技大学,2018.

[51] 谢湘,堵力.北大清华再争状元就没有希望[N].中国青年报,2012-05-03(03).

[52] [美] 威廉·德雷谢维奇.优秀的绵羊[M].林杰,译.北京:九州出版社,2016.

[53] 薛可,余明阳.人际传播学[M].上海:上海人民出版社,2012.

[54] 郭念锋,等.心理咨询师[M].北京:民族出版社,2012.

[55] 鲁兴虎.网络信任——虚拟与现实之间的挑战[M].南京:东南大学出版社,2003.

[56] 李萍.推进网络伦理建设[N].光明日报,2015-12-23(02).

[57] 潘懋元,陈斌."互联网+教育"是高校教学改革的必然趋势[J].重庆高教研究,2017,5(1):3-8.

[58] 前瞻研究院.2019年中国智慧教育行业市场发展及趋势研究报告[R].2019.

[59] 前瞻研究院.2019年中国在线教育行业市场前瞻分析报告[R].2018.

[60] 艾瑞咨询.2017年中国大学生在线学习白皮书[R].2017.

[61] 范颖."互联网+教育"时代大学生的新型学习方式研究[D].合肥:安徽大学,2018.

[62] 王慧.学习反馈与在线学习参与度关系研究[J].中国教育信息化,2018(7):27-30.

[63] 陆根书,刘秀英.常规和在线学习情景下学生投入特征及类型——基于西安交通大学大学生学习经历调查数据[J].高等工程教育研究,2017(3):129-136.

[64] 刘秋红.梁启超与清华大学[N].人民政协报,2018-07-19(11).

[65] 刘益伶,高泽林,雷宇.高校付费刷课灰色产业链背后[N].中国青年报,2019-07-15(05).

[66] 黄庆双,李玉斌,任永功,等.大学生成就目标定向对在线学习投入影响研究:学业拖延的中介作用[J].现代远距离教育,2019(5):77-85.

[67] 舒莹,姜强,赵蔚.在线学习危机精准预警及干预:模型与实证研究[J].中国远程教育,2019(8):27-34.

[68] 李一陵.打造"金课"需要改革教育评价制度做支撑[N].光明日报,2018-12-05(10).

[69] 徐晓青,赵蔚,刘红霞.大学生在线学习满意度影响因素研究[J].中国远程教育,2017(5):43-50.

[70] 陈宇芬.大学生在线学习满意度调查研究——以厦门大学为例[D].厦门:厦门大学,2018.

[71] 左秀娟.大学生在线学习行为与学习效果关系及促进策略研究[D].济南:山东师范大学,2019.

[72] Analysys易观.中国互联网招聘市场季度监测报告2019年第3季度[R].2019.

[73] 成慧,杨洁.质量没保证服务跟不上 微商没有想象的"美"[N].人民日报,2015-07-10(18).

[74] 佟昕,黄亚卿,刘芷含.大学生网络求职与招聘调查报告[J].现代商业,2016(17):179-180.

[75] 吴昊,张东.大学生利用网络求职的调查与分析——基于全国42所高校大样本的实证研究[J].中国大学生就业,2007(18):49-51.

[76] 就业指导课题组.大学生就业指导[M].北京:中国传媒大学出版社,2015.

[77] 黄燕萍.在校大学生兼职新模式S2S探析——以泉州工艺美术职业学院为例[J].现代经济信息,2018(8):394-397.

[78] 中国互联网信息中心.2009年中国网络游戏市场研究报告[R].2009.

[79] 闫宏微.大学生网络游戏成瘾问题研究[M].上海:上海人民出版社,2015.

[80] 刘胜枝.网络游戏的文化研究[M].北京:北京邮电大学出版社,2014.

[81] 中国音数协游戏工委(GPC),国际数据公司(IDC).2019年中国游戏产业报告:摘要版[M].北京:中国书籍出版社,2019.

[82] 艾瑞咨询.2019年中国移动游戏行业研究报告[R].2019.

[83] 朱琳,涂薇,叶松庆.当代大学生网络行为的实证研究——基于性别、生源地和独生子女的差异[J].全球教育展望,2017,46(11):117-128.

[84] 黄子航.95后大学生电子游戏消费行为研究[D].北京:中央民族大学,2019.

[85] 李颖.大学生网络游戏沉迷现象研究[D].天津:天津师范大学,2016.

[86] 万丽.大学生网络游戏沉溺原因及对策研究[D].南京:南京财经大学,2015.

[87] 张开.媒介素养概论[M].北京:中国传媒大学出版社,2006.

[88] 严万森,兰燕,张冉冉.大学新生冲动性特征与网络成瘾的关系[J].中国学校卫生,2016,37(12):1887-1892.

[89] 李羲.大学生手机游戏沉迷研究[D].长沙:湖南大学,2018.

[90] [美]尼古拉·尼葛洛庞蒂.数字化生存[M].胡泳,范海燕,译.海口:海南出版社,1997.

[91] [加拿大]马歇尔·麦克卢汉.理解媒介——论人的延伸[M].何道宽,译.北京:商务印书馆,2000.

[92] 黎力.虚拟的自我实现——网络游戏心理刍议[J].中国传媒科技,2004(4):22-24.

[93] 梁修德.网络暴力游戏对青少年意识形态的负化[J].安徽理工大学学报(社会科学版),2016,18(4):20-24.

[94] 詹绪武.地球村与低头族——青少年网络素养读本(第1辑)[M].宁波:宁波出版社,2018.

[95] Gary W G, Patrick M M. Violent video games and anger as predictors of aggression[J]. Journal of Research in Personality,2007,41(6):1234-1243.

[96] 王雪琪.大学生攻击性行为与网络游戏成瘾、家庭环境的关系研究[D].衡阳:南华大学,2011.

[97] 李佳.寻找校园暴力犯罪的根源——暴力性网络游戏对大学生攻击性内隐社会认知的影响[J].边疆经济与文化,2012(4):173-175.

[98] 杨飞龙.网络暴力游戏对大学生攻击性的影响——基于攻击性特质和游戏方式的调节作用[D].石河子:石河子大学,2019.

[99] 卜卫.大众传播心理研究[M].北京:中国广播电视出版社,2001.

[100] [美] E. Bruce Goldstein.认知心理学:心智、研究与你的生活[M].3版.张明,等译.北京:中国轻工业出版社,2015.

[101] 杨治良,郝兴昌.心理学辞典[M].上海:上海辞书出版社,2016.

[102] 程琳.警察法学通论[M].北京:中国人民大学出版社,2018.

[103] 中国司法大数据研究院.网络犯罪特点和趋势[R].2019.

[104] 任彦君.犯罪的网络异化与治理研究[M].北京:中国政法大学出版社,2017.

[105] 刘建明.社会舆论原理[M].北京:华夏出版社,2002.

[106] 姜胜洪.网络谣言应对与舆情引导[M].北京:社会科学文献出版社,2013.

[107] 王天敏,孟卧杰.高校学生参与"网络水军"情况实证调查报告[J].武汉公安干部学院学报,2019(2):30-35.

[108] 李国兵.网络色情犯罪侦防对策研究[D].重庆:西南政法大学,2013.

[109] 顾小伟.当今网络生态环境下大学生道德现状与引导对策[J].南京医科大学学报(社会科学版),2015(4):146-148.
[110] 戴长林.网络犯罪司法实务研究及相关司法解释理解与适用[M].北京:人民法院出版社,2014.
[111] 袁旭.大学生网络道德现状调查[J].经济师,2016(1):219-220.
[112] 杨静,肖立斌.虚拟社会中当代大学生网络道德问题研究[J].教育文化论坛,2019(6):88-93.
[113] 陈永祝.网络虚拟社会中大学生道德失范问题研究——以陕西省为例[D].延安:延安大学,2019.
[114] 颜小冬.当代大学生犯罪问题研究[M].北京:中国检察出版社,2004.
[115] 高申春.人性辉煌之路——班杜拉的社会学习理论[M].武汉:湖北教育出版社,2000.
[116] 尹保华.社会学概论[M].北京:知识产权出版社,2018.
[117] 乐国安.社会心理学理论[M].兰州:兰州大学出版社,1997.